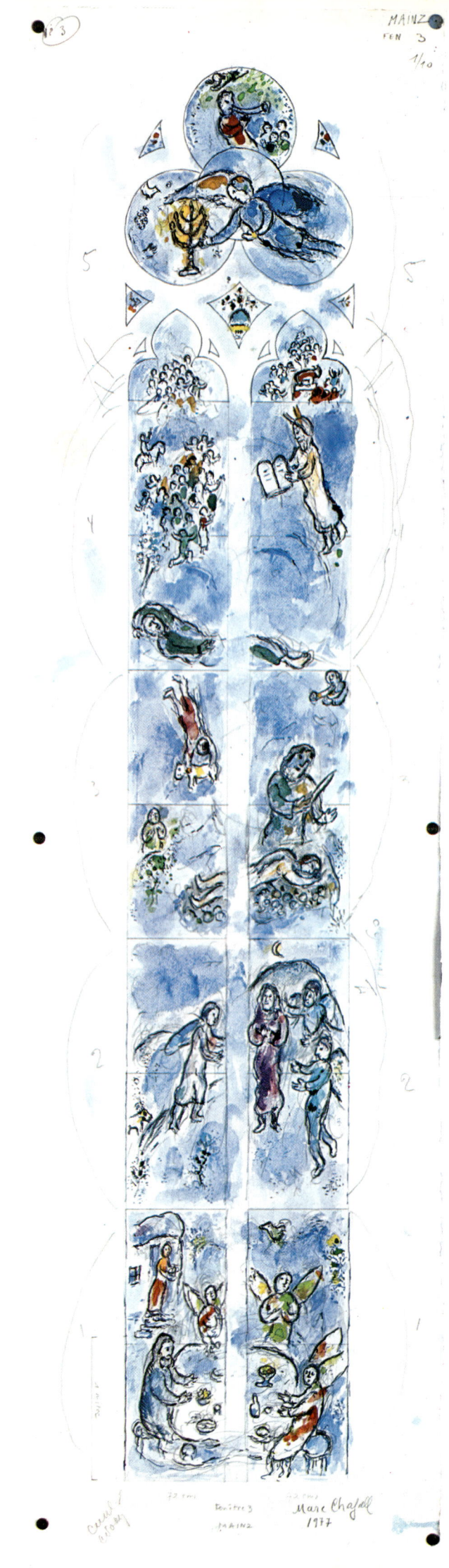

Maquette von Marc Chagall
zum Mittelfenster
von St. Stephan in Mainz

Marc Chagall · Klaus Mayer

Der Gott der Väter

Die Chagall-Fenster zu St. Stephan in Mainz
Band 1   Das Mittelfenster

Echter Verlag

CIP-Titelaufnahme der Deutschen Bibliothek

Die Chagall-Fenster zu S[ank]t Stephan in Mainz
Marc Chagall. Klaus Mayer. – Würzburg : Echter Verlag
 Franz. Ausg. u.d.T.: Les vitraux de Chagall
 dans l'Eglise Saint-Etienne de Mayence

NE: Chagall, Marc [Ill.]; Mayer, Klaus [Mitarb.];
Die Chagall-Fenster zu St. Stephan in Mainz

Der Gott der Väter / Marc Chagall. Klaus Mayer. [Fotograf: Jacques Babinot]. –
9. Aufl., 41.–45. Tsd. – Würzburg : Echter Verlag, 1990.

 (Die Chagall-Fenster zu S[ank]t Stephan in Mainz:
 Bd. 1: Das Mittelfenster)
 ISBN 3-429-00573-6

NE: Chagall, Marc [Ill.]; Mayer, Klaus [Mitarb.]

© 1978 Echter Verlag, Würzburg
© 1990 Copyright by A.D.A.G.P., Paris & COSMOPRESS, Genf

9. Aufl. 1990, 41.–45. Tsd.

Fotograf: Jacques Babinot, Reims
Foto S. 25: Gerd Pohl, ZDF
Die Bibelstellen wurden der Jerusalemer Bibel entnommen,
mit freundlicher Genehmigung des Herder Verlages Freiburg.
Im Kunstverlag Maria Laach sind Farbkarten und Dias zu den Themen
des Chagall-Fensters zu St. Stephan in Mainz erschienen.
Satz, Druck, buchbinderische Verarbeitung:
Echter Würzburg,
Fränkische Gesellschaftsdruckerei und Verlag GmbH
Reproduktionen: Rheindorff-Druckerei, Köln
Einband, Gestaltung: W. Thierfelder

ISBN 3-429-00573-6

Marc und Vava Chagall
in herzlicher Verbundenheit

Kirchenfenster für St. Stephan
6

Der Künstler
11

Konzept
19

Jahwe offenbart sich Abraham
26

Die Fürsprache Abrahams
30

Das Opfer des Isaak
34

Der Traum Jakobs
38

Mose bringt dem Volk das Gesetz
42

Die beiden Wege
46

Friede und Heil
50

KIRCHENFENSTER FÜR ST. STEPHAN

Farbige Kirchenfenster für die St. Stephanskirche – daran hätte niemand zu denken gewagt! Wußte man doch um die trotz Wiederaufbau noch verbliebenen Kriegsschäden, die auf viele Jahre hinaus gebäudeerhaltende Restaurierungsarbeiten erfordern würden. Doch zu Beginn des Jahres 1973, bei der Planung der Restaurierung des frühgotischen Ostchores von 1290, ergab es sich, daß die Notverglasung der Nachkriegsjahre entfernt werden mußte, um die an den Maßwerken erforderlichen Steinmetzarbeiten durchführen zu können. Damals tauchte der Gedanke auf, den im Blickpunkt aller Gottesdienstbesucher liegenden Fenstern des Ostchores eine der Architektur entsprechendere Verglasung zu geben. Wichtig war, an die geschichtliche Bedeutung unserer Kirche zu denken. Um 990 war das Stift St. Stephan auf Anregung des heiligen Erzbischofs von Mainz und Erzkanzler des Reiches, Willigis, von Otto III. errichtet worden. Willigis erbaute eine doppelchörige Basilika im ottonisch-vorromanischen Stil. Die Stiftsherren, eine Gemeinschaft von Weltpriestern, hatten die religiös-politische Aufgabe, in Meßfeiern und Chordienst für das Reich zu beten. So war St. Stephan die Bestimmung gegeben, Gebetsstätte für das Reich zu sein, in dem zur damaligen Zeit ein großer Teil Europas vereint war. Dem Wunsch des Willigis entsprechend, dem die Geschichte den Ehrennamen »Vater des Kaisers und des Reiches« gab, wurde St. Stephan nach seinem Tode am 23. Februar 1011 zur Grabeskirche des Heiligen, einer der großen europäischen Gestalten des Mittelalters.

Um 1200 muß die Willigisbasilika baufällig geworden sein. Auf ihren Grundmauern wurde, beginnend mit dem Ostchor, zwischen 1290 und 1338 eine gotische Hallenkirche erbaut, deren Mittelschiff, Seitenschiffe und Querhaus die gleiche Höhe haben. Diese Bauweise bringt es mit sich, daß dem Raum eine einzigartige Lichtdurchflutung zu eigen ist, die durch die Hügellage der St. Stephanskirche zusätzlich begünstigt wird. Jeder Sonnenstrahl, der nach Mainz kommt, fällt durch eines der 19 großen Fenster in den Kirchenraum. Für Glasmalerei sind somit beste Lichtverhältnisse gegeben.

Der Mensch braucht Symbole. Die Fähigkeit, ihre Sprache zu verstehen, hat durch Rationalismus, einseitiges Zweckdenken bei gleichzeitiger Vernachlässigung der Pflege des Gemütes, sehr gelitten. Um so wichtiger ist es, den Menschen des 20. Jahrhunderts ansprechende Symbole zu schaffen, die verkümmerte Symbolfähigkeit neu zu beleben. Schon von ihrer gotischen Architektur her ist die St. Stephanskirche ein machtvolles Symbol, in Stein geformte Anbetung und zugleich Andeutung des Kommenden, des himmlischen Jerusalem. Vielleicht hat es kein Baustil so gut wie die Gotik verstanden, den Menschen von der Bauweise her zur Besinnlichkeit zu führen, Gedanken, Gemüt und Herz im Aufstreben der Dienste, Spitzbögen und Maßwerke auf Gott hin zu lenken, den Besucher zur Andacht zu stimmen. Sollte da nicht die Gelegenheit genützt werden, die schon im Gotteshaus gegebene Zeichenhaftigkeit durch Fenster mit großer Aussagekraft zu bereichern? Wie die St. Stephanskirche von ihrem Stiftungsauftrag her als Gebetsstätte des Reiches dem Frieden diente, so könnte in den Fenstern ein Symbol für den Frieden geschaffen, Friedensbotschaft ausgestrahlt werden.

Schwere Last der Geschichte, vor allem, aber nicht nur, der jüngsten von 1933 bis 1945, sind die grauenvollen Verbrechen, die an jüdischen Menschen begangen wurden. Ist es da nicht angezeigt, Zeichen zu setzen, welche die jüdisch-christliche Verbundenheit deutlich machen, zum Bewußtsein bringen, daß Jesus Christus, Maria, die Apostel dem Volk Israel entstammen, sich mit Selbstverständlichkeit der Heiligen Schriften des Volkes Israel bedienten, die auch von der Kirche immer in Ehren gehalten und im Gottesdienst gelesen wurden?

In der Geschichte der Stadt Mainz spiegelt sich die wechselvolle Geschichte der deutsch-französischen Beziehungen. Nur zu oft standen sich die beiden Nachbarvölker feindlich gegenüber. Aber es fehlte auch nicht an Zeichen der Verbundenheit, gegenseitiger Befruchtung und Wertschätzung. Schon in ihrer Architektur erinnert die St. Stephanskirche an Frankreich, das Ursprungsland der Gotik. Zum Stephansschatz, als Leihgabe im Dommuseum, gehört ein Chormantel mit Goldornamenten, gefertigt aus dem Stoff des reichbestickten Krönungskleides der Kaiserin Josephine, der Gattin Napoleons I. Und zur Zeit der Besatzung nach dem Zweiten Weltkrieg war es dem Verständnis und Entgegenkommen der französischen Militärregierung zu danken, daß Baumaterialien für erste Hilfsmaßnahmen freigegeben wurden, um Kirche, Turm und Kreuzgang vor dem völligen Verfall zu bewahren. So sollten die Fenster nach Möglichkeit auch Zeichen der deutsch-französischen Freundschaft sein.

Noch sind die Wunden des Zweiten Weltkrieges nicht geheilt. Bei dem ersten Luftangriff auf Mainz am 12./13. August 1942, im Herbst 1944, und bei dem letzten am 27. Februar 1945 wurde die St. Stephanskirche schwer getroffen. Was damals in wenigen Minuten zerstört wurde, konnte trotz vieler Mühen bis zur Stunde noch nicht völlig wiederhergestellt werden. Unsere Zeit braucht Zeichen der Völkerverständigung. Die Fenster könnten ein solches Zeichen sein.

Welcher Art sollte die Friedensbotschaft in den Fenstern sein? Eine ist in ihrer Zeitlosigkeit und Universalität unübertroffen, immer aktuell, immer gültig: die biblische Botschaft. Schon zweimal in der Geschichte war Mainz in besonderer Weise Ausgangspunkt der biblischen Botschaft. Der große Missionar, der Angelsachse Bonifatius, um 746 Erzbischof von Mainz, wurde zum Apostel der Deutschen. Er diente der biblischen Botschaft in der Verkündigung des Wortes Gottes. Zum zweitenmal wurde Mainz im 15. Jahrhundert Strahlungspunkt der biblischen Botschaft. Johannes Gutenberg schuf nach Erfindung der Einzelletter 1455 die erste mit Typen gedruckte Bibel. Infolge seiner Erfindung wurde die Bibel sehr bald das meistgedruckte Buch. Und von der Verkündigung des Wortes Gottes im Gotteshaus her dürfte biblische Botschaft ohnehin die entsprechendste Thematik für Kirchenfenster sein.

Bei der Planung der neuen Fenster ging es darum, einen Künstler zu finden, der, vielleicht schon in seiner Person, Symbol für jüdisch-christliche Verbundenheit, deutsch-französische Freundschaft und Völkerverständigung wäre und zugleich die geniale Fähigkeit besäße, in seiner großen Kunst biblische Botschaft den Menschen unserer Tage nahezubringen. Marc Chagall als Jude, in Rußland geboren und in Frankreich lebend, verkörperte die gesuchte Symbolgestalt. Und, was die Gestaltung biblischer Thematik anging, hat seit Rembrandt kein Künstler so viel und so ausdrucksstark biblische Botschaft gestaltet wie Marc Chagall.

Seit 1957 hatte Marc Chagall Meisterwerke der Glasmalerei mit biblischen Themen geschaffen. So wagte ich einen ersten Brief an Marc Chagall am 10. April 1973. Der Künstler ließ durch Charles Marq, seinen Mitarbeiter im Atelier in Reims, antworten: »Das Projekt interessiert ihn, aber die Wichtigkeit der Arbeit erfordert tiefgründige Beschäftigung und Reflexion. Hätten wir keine Zeit zu warten, so hätte der Künstler Verständnis, wenn wir eine anderweitige, schnellere Lösung suchten.«

Nachdem Marc Chagall Interesse gezeigt hatte, informierte ich meinen Bischof, den Ministerpräsidenten des Landes Rheinland-Pfalz und den Oberbürgermeister der Stadt Mainz. Überall fand ich großes Interesse. Der damalige Ministerpräsident, Dr. Helmut Kohl, wie auch sein Nachfolger Dr. Bernhard Vogel unterstützten mich von Anfang an. Das Land erklärte sich bereit, das erste Fenster zu stiften. Kardinal Hermann Volk schenkte mir Vertrauen und ließ mich gewähren. Die Diözese bezuschußte großzügig die Restaurierung des Ostchores. Kirchenstiftungsrat, Pfarrgemeinde und Öffentlichkeit begrüßten das Vorhaben. Es entstand ein reger Briefwechsel mit dem Künstler und dem Atelier in Reims. Am 6. November 1973 war das Künstlerehepaar Charles und Brigitte Marq in Mainz, um für Marc Chagall eine Beschreibung der Kirche zu erstellen. Es folgte ein Besuch im Atelier im Januar 1974. Der Anregung von Frau Chagall, für ihren Mann einen kleinen Film von der Kirche zu drehen, konnte in kürzester Zeit von dem ZDF mit Hilfe des damaligen Intendanten, Professor Karl Holzamer, entsprochen werden. Am 23. April 1974 durfte ich den Künstler erstmalig besuchen. Weitere Begegnungen folgten. Daraus erwuchs eine Freundschaft, die ich als großes Geschenk Gottes betrachte.

Vorschläge bezüglich biblischer Themen wurden unterbreitet. Da ich aber um die tiefe Gläubigkeit und die Genialität des großen Künstlers wußte, bat ich ihn, er solle aus seiner Gläubigkeit heraus jene biblische Botschaft auswählen und gestalten, die er für die Menschen unserer Zeit besonders wichtig erachte. Marc Chagall war somit völlig frei in seiner Themenwahl.

Die Jahre des Wartens und Hoffens, Bittens und Bangens waren nicht so ganz einfach. Frau Chagall hat mir Mut gemacht. Sie sagte mir: »Man muß nur glauben, dann wird es auch.« Zum Jahresende 1976 kam dann von Frau Chagall, meiner besten Fürsprecherin, die lang ersehnte Nachricht, daß der Künstler an dem Entwurf für Mainz arbeite. Am 23. März 1977 durfte eine Kommission mit Vertretern von

Land, Bistum und Kirchengemeinde im Atelier in Reims die Maquette für das Mittelfenster bewundern. Alle waren zutiefst davon beeindruckt. Marc Chagall hatte einen Entwurf geschaffen, viel schöner, als wir ihn uns hätten ausdenken können. Am 25. März konnte dann Ministerpräsident Dr. Vogel durch den Regierungssprecher der Öffentlichkeit mitteilen: »Der weltberühmte Künstler Marc Chagall, bekannt als ›Meister der Farbe und der biblischen Botschaft‹, hat als Zeichen der jüdisch-christlichen Verbundenheit, der deutsch-französischen Freundschaft, der Völkerverständigung und des Friedens für ein erstes Kirchenfenster in der Bundesrepublik, das Mittelfenster im Ostchor der St. Stephanskirche in Mainz, eine Maquette (Entwurf) geschaffen.« Zugleich wurde erneut die Stiftung dieses ersten Fensters durch das Land bestätigt, wofür an dieser Stelle dem Land Rheinland-Pfalz nochmals herzlich gedankt sei.

Jetzt konnten die Werkstattarbeiten im Atelier Jacques Simon in Reims beginnen, das seit Jahrhunderten die Fenster der Kathedrale der französischen Könige betreut. Hier arbeiten das Künstlerehepaar Charles Marq und Brigitte Simon, ihr Sohn und hochqualifizierte Fachkräfte. Eigene, hohe künstlerische Fähigkeiten, jahrhundertelange Erfahrung und meisterhaftes, handwerkliches Können sind miteinander verbunden.

Es ging jetzt darum, den Entwurf des Künstlers in Glas umzusetzen. Dazu wurde zunächst die im Maßstab 1:10 erstellte Maquette auf 1:1 vergrößert. Dann galt es, entsprechend dem Entwurf, die Farbtöne für die Gläser festzulegen. Viele »Chagallfarben« waren bereits im Zusammenhang mit früheren Arbeiten entwickelt worden. Andere, darunter ein »Grün auf Blau«, mußten, weil erstmalig verwandt, neu geschaffen werden. Sodann zeichnete Charles Marq die Bleiruten ein, die nicht nur die Aufgabe haben, verschiedenartiges Glas miteinander zu verbinden, sondern zugleich die Idee des Künstlers durch die Art der Bleiführung zu unterstützen. Das vermag Charles Marq, dank seiner Fähigkeit, sich mit Marc Chagall zu identifizieren, außerordentlich gut. Die sehr herzliche Freundschaft zwischen Marc und Vava Chagall und Charles und Brigitte Marq bewirkt ein optimales Zusammenspiel von Künstler und Atelier. Mit den Bleiruten wurde zugleich festgelegt, an welchen Stellen und in welchem Grad die Gläser geätzt (graviert) werden sollen.

In der Glashütte St. Just sur Loire wurden die Gläser geblasen. Es handelt sich um Überfanggläser mit einer Trägerschicht, auf die eine oder auch mehrere Farben aufgeschmolzen werden.

Nach Fertigung der mundgeblasenen Gläser wurden im Atelier Schablonen zum Schneiden des Glases erstellt und das Glas geschnitten. Dann erfolgte die sehr zeitintensive Arbeit des Ätzens der Gläser, die in Verbindung mit ständiger Kontrolle am Leuchttisch geschehen muß. Durch Verringerung der Stärke der Farbschicht wird innerhalb des gleichen Farbtones eine zusätzliche Farbnuancierung erreicht. Die Farbschicht kann bis auf das Trägerglas aufgeätzt werden. Dann wurden die Gläser wie ein Mosaik zusammengesetzt und erhielten eine vorläufige, leichtere Verbleiung.

Nun wurde das Fenster verpackt und zu Marc Chagall gebracht, der das Glas mit Schwarzlot, einer aus Eisen erstellten Oxydfarbe, bemalte. Wird beim Aufätzen die Lichtdurchlässigkeit des Glases erhöht, zusätzlich Licht in das Fenster hineingeholt, so geschieht bei der Schwarzlotmalerei (Grisaille) eine gegenläufige Bewegung vom Licht zum Dunkel in vielfacher Abstufung. Beide Arbeitsvorgänge ergänzen sich und sind für das Spiel des Lichtes im Fenster von größter Bedeutung. Die Schwarzlotmalerei ist eigenständiges, schöpferisches Tun, das Marc Chagall selbst vornimmt. Sie gibt dem Fenster über den Entwurf hinaus die Handschrift des Künstlers.

Nach beendeter Schwarzlotmalerei wurde das Fenster wieder in das Atelier gebracht und dort die Verbleiung gelöst. Bei einer Temperatur zwischen 600 und 650 Grad verbindet sich im Ofen das Schwarzlot mit dem Glas. Anschließend wurden die Glasscheiben erneut zusammengesetzt und endgültig verbleit. Dann konnte das Fenster zum Transport und Einbau in der St. Stephanskirche verpackt werden. Auch mit Charles und Brigitte Marq verbindet uns herzliche Freundschaft. Ihnen und den Mitarbeitern im Atelier sind wir sehr dankbar.

Es ist nicht möglich, in dieser Veröffentlichung allen namentlich zu danken, die mich unterstützt, zum Gelingen beigetragen haben. Ich bitte sie, meinen Dank in dieser allgemein gehaltenen Form anzunehmen.

DER KÜNSTLER

Hier sollen nicht Lebensdaten aufgezählt, vielmehr soll im Bewußtsein um das bleibende Geheimnis in jedem Menschen versucht werden, etwas von den Quellgründen aufzuzeigen, aus denen Marc Chagall schöpft, lebt und schafft. Heimat und Beheimatetsein sind für das Leben und Schaffen von Marc Chagall von großer Bedeutung. Das wird in seinen Bildern deutlich, in denen er zu erkennen gibt, wo er sich zu Hause fühlt. Vier Städte sind ihm in besonderer Weise Heimat und Symbol seines Lebens und Schaffens geworden.

Witebsk

Die kleinen Häuser seiner russischen Heimatstadt Witebsk erscheinen am häufigsten im Werk des Künstlers. Hier ist Marc Chagall am 7. Juli 1887 als Ältester von acht Geschwistern geboren. Die kleinen Häuser erinnern an das Elternhaus. Der Vater, Zahar Chagall, war ein introvertierter, sehr schweigsamer, äußerst bescheidener, tiefgläubiger Mann, der nur an Festtagen zuweilen etwas auftaute. Der Werktag ließ ihm wenig Kraft dazu, denn als Lagerarbeiter bei einem Heringshändler mußte er sich sein Brot sehr hart verdienen, so daß er abends meist sehr erschöpft nach Hause kam. Die Mutter, Feiga-Ita, war sehr vital, voll Unternehmungsgeist, immer geschäftig und sehr kontaktfreudig. Diese so gegensätzlichen, sich ergänzenden Eigenschaften von Vater und Mutter finden wir in Marc Chagall wieder. Daraus erwächst jene eigenartige Spannung, die sein Leben und Schaffen tief beeinflußt. Sie wird in dem Wort des Künstlers deutlich: »Je suis sûr, je doute – Ich bin mir sicher, ich zweifle.« Franz Meyer, der wohl bedeutendste Biograph des Künstlers, weist in seinem Buch »Marc Chagall« (Dumont 1961, S. 19) darauf hin.

Die Häuser von Witebsk stehen zugleich für die Umwelt, in der der Künstler seine Kindheit und Jugendzeit verbringt. Diese ist vom späten, auf Baal Schem Tow zurückgehenden Chassidismus des osteuropäischen Judentums geprägt. Der Chassidismus, die jüngste und volkstümliche religiös-mystische Bewegung im Judentum, war Mitte des 18. Jahrhunderts in der Ukraine entstanden und schnell zur beherrschenden Form jüdischer Frömmigkeit in Osteuropa geworden. Der Großteil der Juden in Witebsk gehörte dem Chassidismus an, der die »menschliche Erfahrbarkeit des Göttlichen in den Vordergrund rückt« (Meyer, S. 16). Entgegen jenen Strömungen, die mehr in der Gelehrsamkeit den Weg zur Gotteserkenntnis sahen, ist die Betonung des Emotionalen, von Spontaneität, Enthusiasmus bis hin zur religiösen Ekstase für den Chassidismus kennzeichnend. Marc Chagall ist von der religiösen Umwelt seiner Kindheitstage geprägt. Chassidische Lebensweise im Elternhaus, die Feier des Sabbat und der Feste, haben ihn als Kind zutiefst beeindruckt.

Die Häuser von Witebsk lassen zurückdenken an den Cheder, die jüdische Elementarschule, die Marc Chagall besuchte, in der er Hebräisch lernte und damit ersten Zugang zur Bibel fand. Nach Schulabschluß konnte er in die weiterführende städtische Schule überwechseln, obgleich Juden, weil in Rußland nur geduldet, entsprechend den Gesetzen vom Besuch dieser Schule ausgeschlossen waren. Nach Abschluß seiner Schulausbildung 1906 begann die Zeit der ersten Studien in der Malschule von Jehuda Pen in Witebsk.

Die Häuser von Witebsk bergen die so liebe Erinnerung an Bella, die verstorbene Frau des Künstlers, die aus seinem Leben und Schaffen nicht wegzudenken ist. Bella, wie Marc Chagall in Witebsk geboren, entstammte einer vornehmen jüdischen Kaufmannsfamilie. 1909 hatte Marc Chagall Bella durch die gemeinsame Freundin Thea Brachmann kennengelernt. Wegen ihrer hervorragenden Schulleistungen durfte Bella in Moskau studieren. Marc Chagall beschreibt in seiner Selbstbiographie »Mein Leben« die erste Begegnung: »Sofort fühle ich, daß ich nicht mit Thea, sondern mit ihr zusammen sein muß! Ihr Schweigen ist mein Schweigen. Ihre Augen sind meine Augen. Es ist, als ob sie mich schon lange gekannt hätte, als ob sie alles wüßte über meine Kindheit, meine Gegenwart, meine Zukunft; als ob sie mich durchschaute, mein Innerstes erriete, wenn ich sie auch zum ersten Male sehe. Ich fühlte, das hier ist meine Frau« (S. 73). Im Februar 1914 hatte Bella ihre Studien an der historisch-philosophischen Fakultät der als progressiv geltenden Mädchenschule Guerrier in Moskau abgeschlossen (Meyer,

S. 238). Sie wollte Schauspielerin werden. Dazu kam es nicht. Nach der Rückkehr Marc Chagalls von seinem ersten Aufenthalt in Paris und von den Kriegsereignissen in Witebsk festgehalten, heirateten Marc und Bella am 25. Juli 1915. Franz Meyer beschreibt den Einfluß Bellas im Leben des Künstlers: »Bella begleitete Chagalls Schaffen seit 1909, vor allem seit 1914. Sie war immer da, wachte, beriet, klärte. Sie gab Echo und Antwort in künstlerischen Fragen, stellte Kontakte her, räumte Hindernisse weg. Sie war und blieb das Urbild der Geliebten, jener Braut, die sich in so vielen Bildern zum Jüngling neigt, all jener zarten Mädchen, die in den Armen des Freundes träumen« (S. 466). Wie sehr Chagall des Echos von Bella bedurfte, läßt sein Wort in »Mein Leben« erkennen: »Ich fange kein Bild, keine Radierung an, ohne sie nach ihrem Ja oder Nein zu fragen« (S. 120).

Nach der Polenreise 1935 begann Bella, die kommende Bedrohung der ostjüdischen Kultur ahnend, mit jenen Aufzeichnungen, die zu den beiden ansprechenden Büchern »Brennende Lichter« und »Erste Begegnung« (Rowohlt-Verlag) führten. An einer nicht erkannten Virusinfektion starb Bella, in Amerika im Exil lebend, kurz vor Kriegsende am 2. September 1944. Im Nachwort zu dem 1947 erstmals erschienenen Bändchen »Erste Begegnung« schreibt Marc Chagall: »Im Laufe der Jahre ist die Wirkung ihrer Liebe in meiner Kunst fühlbar geworden ... Sie schrieb, wie sie lebte, wie sie liebte, wie sie ihre Freunde aufnahm. Ihre Worte, ihre Sätze, gleichen dem Atem der Farbe auf der Leinwand ... Ihre letzten Worte waren: ›Meine Hefte ...‹ Es donnerte, ein Wolkenbruch ergoß sich, als um sechs Uhr abends am 2. September 1944 Bella diese Welt verließ. Vor meinen Augen ist es dunkel geworden.« Mit Bellas Tod war für Marc Chagall ein Stück Himmel eingestürzt. Monatelang fand er nicht die Kraft zu arbeiten.

Die Häuser von Witebsk stehen für Rußland, dem sich der Künstler zeitlebens zutiefst verbunden weiß, obschon er in der Heimat nicht nur Gutes erfahren hatte. Nach den Malstudien bei Jehuda Pen in Witebsk war es ihm nur unter größten Schwierigkeiten möglich gewesen, als Jude die Aufenthaltsgenehmigung in St. Petersburg zu erhalten, wo er zwischen 1907 und 1910, in großer Armut lebend, zunächst die Schule der »Kaiserlichen Gesellschaft zur Unterstützung der Künste«, dann kurze Zeit die Privatschule Saidenberg besuchte und seit 1909 bei Léon Bakst studierte. Und als Marc Chagall 1922 mangels der ihm für sein Schaffen notwendigen Freiheit die Heimat endgültig verließ, geschah dies keineswegs leichten Herzens. Auch weiterhin blieb Rußland seine Heimat. Als er 1927 der Tretiakow-Galerie in Moskau 96 Radierungen zu Gogols »Tote Seelen« als Geschenk sandte, schrieb er dazu: »Mit der ganzen Liebe eines russischen Malers für seine Heimat« (Meyer, S. 365).

Die kleinen Häuser von Witebsk sind für Marc Chagall so sehr Inbegriff der Heimat, daß sie in seinen Bildern oft zum Symbol werden für die Häuser der Welt.

Jerusalem

Lange bevor Marc Chagall andere Städte der Heimat und im Ausland besuchen konnte, hörte er von den Eltern, in der Synagoge und in der jüdischen Elementarschule von jener Stadt, der das Heimweh und die Sehnsucht eines jeden Juden gilt, die Inbegriff aller Heimat ist, von der Heiligen Stadt, der Stadt Davids: Jerusalem. Auch diese Stadt kehrt im Schaffen des Künstlers häufig wieder. Von der Stadt des Tempels, der die Bundeslade mit den Tafeln der Zehn Worte barg, spricht die Bibel.

»Seit meiner frühesten Jugend hat mich schon die Bibel in ihren Bann gezogen«, sagte der Künstler anläßlich der Eröffnung des Museums der Biblischen Botschaft Marc Chagall in Nizza. War es der Chassidismus, der in ihm die Liebe zur Bibel weckte, so hätte es doch, wie Hermann Levin Goldschmidt in seinem Artikel »Chagalls Jüdische Botschaft« (Züricher Nachrichten, 8. 7. 1967) aufgezeigt hat, vom Chassidismus mit seinem strengen Festhalten am Bilderverbot keinen Weg gegeben, Künstler zu werden und biblische Botschaft zu malen. Dazu bedurfte es der Begegnung mit einer neuen Form von Chassidismus (Frömmigkeit). Goldschmidt schreibt: »Um 1900 beginnt, was sehr bald eine ›Jüdische Renaissance‹ genannt wurde: Nach der errungenen Gleichberechtigung oder äußeren Entfaltung der abendländischen Judenheit die ›innere Entfaltung‹ des neuzeitlichen Judentums.« Sie ist verknüpft mit Namen wie Franz Kafka, Ernst Bloch, Nelly Sachs, Franz Rosenzweig, Else Lasker-Schüler, Leo Baeck, Martin Buber und anderen. Man las die Bibel nun nicht mehr aus der Situation des Ghettos, sondern im Licht der gewonnenen Freiheit und Gleichberechtigung. Man muß wohl, ähnlich wie Marc

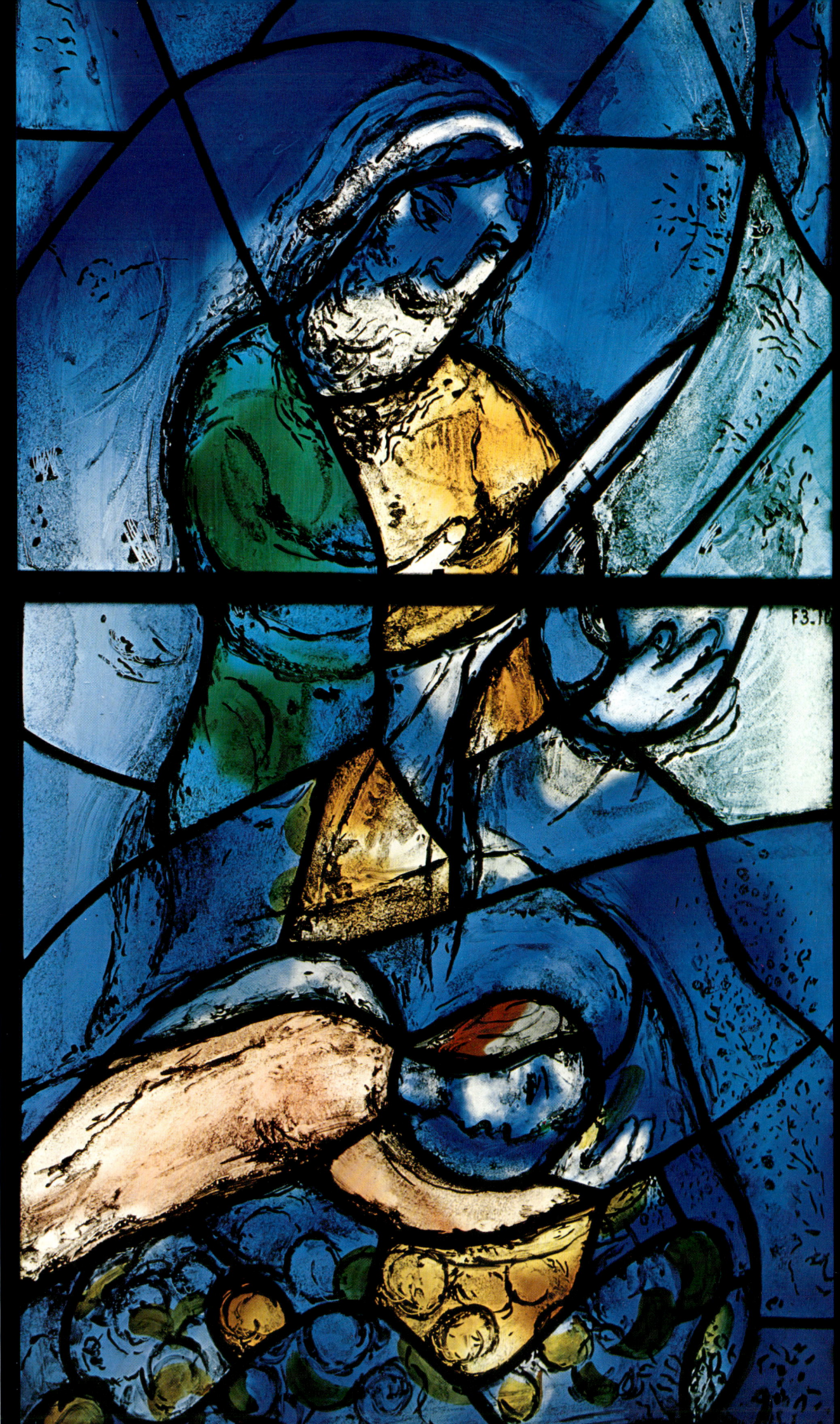

Chagall, erfahren haben, was es heißt, nur geduldet, diskriminiert zu sein, um zu ahnen, wie Freiheit das Leben verändert.

Wenn Chagall trotz des Bilderverbotes des Chassidismus Maler werden konnte, so wohl deshalb, weil die jüdische Renaissance sogar schon in den chassidischen Raum hineinzuwirken begann. Goldschmidt beschreibt den Chassidismus von Marc Chagall: »Sein Chassidismus ist vielmehr die von Grund auf neu entbrannte Lebenskraft und Leidenschaft des neuzeitlichen Judentums, das ... im Kampf gegen das erstarrte eigene Mittelalter wieder gegenwartsnahe Frömmigkeit zu sein versuchte und versucht, aus unmittelbarer Ergriffenheit, ungebundener Andacht, irdisch menschlicher Innigkeit, freier Hingabe, froher Liebe. Freude ist dabei die Grundbewegung, dem Gleichmut verschwistert.« So ist der Chassidismus Chagalls »Chassidismus im Sinn seiner Herkunft nur am Rand, aber dem Kern nach Chassidismus im Sinn der immer wieder auferstandenen Frömmigkeit des Judentums aller Zeiten und ihrer auf dem Boden der Neuzeit von neuem entbrannten Andacht und Hingabe und Innigkeit«.

Da es infolge des Bilderverbotes bezüglich biblischer Darstellungen im jüdischen Raum an Vorlagen fehlte, mußte sich Marc Chagall in eigenem Bemühen den Zugang zur Bibel bahnen. Und es gelang Marc Chagall, was vor ihm nur Rembrandt in vergleichbarem Maß gelungen war: Aus persönlicher Vertiefung in die Heilige Schrift, tiefer Gläubigkeit und innerer Ergriffenheit die Bibel zu malen (vgl. Goldschmidt). Was für ihn die Bibel bedeutete, sagte Marc Chagall bei der Einweihung des Musée: »Was mich angeht, so ist die Vollkommenheit in der Kunst sowie auch im Leben aus jener biblischen Quelle entsprungen« (Biblische Botschaft, S. 16).

Für Marc Chagall ist die Bibel nicht ein Buch gesammelter Erzählungen aus längst vergangenen Tagen, sondern ein Buch, das von jener Welt berichtet, die hinter der diesseitigen, dem Auge zugängigen Welt liegt und diese durchdringt, der Welt Gottes. Wenn Marc Chagall deshalb sagt: »Ich sah die Bibel nicht, ich träumte sie«, so dürfte mit diesem »Träumen« jene aus Eingebung, Talent und Bemühen geborene Fähigkeit gemeint sein, veranschaulichen zu können, was hinter dem augenfälligen biblischen Geschehen an Offenbarung Gottes sichtbar wird. In Chagalls Biblischer Botschaft wird das Übernatürliche natürlich.

Marc Chagall konnte 1931 zur Vorbereitung seiner Bibelillustrationen Jerusalem erstmalig besuchen. Weitere Besuche folgten. Bekannt sind seine zwölf Fenster für die Hadassah-Synagoge und seine Wandteppiche und Mosaiken in der Knesset. Anläßlich seines 90. Geburtstages wurde Marc Chagall Ehrenbürger von Jerusalem.

Paris

Viele Bilder, sogar Zyklen, hat Marc Chagall Paris gewidmet. Immer wieder finden wir den Eiffelturm, Notre Dame, die Oper und andere Baudenkmäler von Paris in seinem Schaffen, bis hinein in seine Biblische Botschaft, etwa in dem Gemälde »Der Traum Davids« 1967/68. Im Spätsommer 1910 war Marc Chagall zum erstenmal nach Paris gekommen. Nach seinen Worten glänzte die Sonne der Kunst damals nur in Paris. Vor allem waren es die Museen, die privaten Galerien und die großen Salons, die ihn faszinierten. Es sind die alten Meister wie Monet, Delacroix, Rembrandt, die ihm in ihren Werken begegnen, wie auch die Malerei der Gegenwart mit Werken etwa von Van Gogh, Gauguin, Matisse (vgl. Meyer, S. 96).

Was Paris für Chagall bedeutet, wird aus seinen Worten erspürbar, die Franz Meyer zitiert: »In Paris besuchte ich weder Akademien noch Lehrer. Ich fand sie in der Stadt selbst mit jedem Schritt, in allem. Es waren die Händler auf dem Markt, die Kellner im Café, die Concierges, die Bauern, die Arbeiter. Um sie schwebte dieses erstaunliche Licht, das Freiheit bedeutet (lumière-liberté), ein Licht, das ich nie anderswo sah. Und dieses Licht ging mühelos in die Bilder der großen französischen Meister ein, und erfuhr in der Kunst seine Wiedergeburt. So drängte sich mir der Gedanke auf: Nur dieses Freiheitslicht, leuchtender als alle künstlichen Lichtquellen, kann solch funkelnde Bilder hervorbringen ...« (S. 98).

Alte und neue Kunst, die persönliche Begegnung mit Malern und Dichtern sind für Chagall von so großer Bedeutung für seine künstlerische Entwicklung, daß er von Frankreich als einem Land spricht, »wo ich zum zweitenmal geboren wurde« (Biblische Botschaft, S. 15). Und im Blick auf die Hauptstadt ruft er aus: »Paris, du mein zweites Witebsk!« (Meyer, S. 98).

Nach dem endgültigen Verlassen seiner russischen Heimat 1922 und einjährigem Aufenthalt in Deutschland kehrte Marc Chagall mit Bella und Tochter Ida denn auch nach Frankreich, in seine zweite Heimat, zurück. Dort lebte er bis zu der mit der deutschen Besatzung auch in Frankreich einsetzenden Judenverfolgung. Um sein Leben zu retten, folgte er der Einladung des Museum of Modern Art in New York und verließ Frankreich am 7. Mai 1941. Aber schon kurz nach dem Krieg kam Marc Chagall im Mai 1946 zunächst besuchsweise nach Frankreich, um dann im August 1948 wieder auf Dauer dorthin zurückzukehren.

St. Paul de Vence

Seit den fünfziger Jahren taucht auch dieses malerische, mittelalterliche, von einer hohen Stadtmauer umgebene Städtchen, das unweit des Meeres auf einem der zu den Alpes Maritimes ansteigenden Hügel liegt, immer öfters in den Bildern von Marc Chagall auf. Das helle Licht, die günstigen klimatischen Bedingungen in der subtropischen Mittelmeerlandschaft hatten ihn bewogen, sich 1950 im benachbarten Vence niederzulassen. Was verbindet Marc Chagall mit St. Paul de Vence? Nach schweren Jahren des Alleinseins kreuzte Valentina (Vava) Brodsky 1952 seinen Lebensweg. Im russischen Kiew geboren, hat Vava in Berlin ihre Jugend verbracht, Kunstgeschichte studiert und später in London gelebt. Durch die Heirat am 12. Juli 1952 wurde sie Marc Chagalls Lebensgefährtin. Vielen Künstlern blieb es versagt, jemals die rechte Lebensgefährtin zu finden. Marc Chagall wurde dieses Glück zweimal zuteil. In Bella und in Vava wurden Marc Chagall Lebensgefährtinnen gegeben, die geradezu für ihn geschaffen waren, ihn zu ergänzen, alles zu sein und zu geben, was der Künstler braucht. Vava ließ für Marc Chagall 1962 das Haus bauen, den Park anlegen. Sie schuf die herzliche häusliche Atmosphäre. Vava berät, ermuntert, ermutigt, wie ehedem Bella. Sie führt die umfangreiche Korrespondenz, bespricht Ausstellungen und Publikationen, organisiert die Reisen, schafft ihm den Raum und die Einsamkeit, die er für seine große Kunst benötigt. Vava schenkt ihm das Verstehen, die Liebe und Geborgenheit, ohne die so fruchtbares Schaffen nicht denkbar wäre.

Was Vava für Marc Chagall bedeutet, hat er selbst der in Berlin lebenden Journalistin Irina Pabst verraten, als diese fragte, wie er so jung geblieben sei: »Durch meine Frau«, antwortete er. »Nur durch sie. Ich wäre sonst schon tot. Sie ist wunderbar!«

In einem der herrlichen Bilder zu dem Hohen Lied im Museum der Biblischen Botschaft schlägt der Künstler auf seine Art den Bogen von der Vergangenheit zur Gegenwart, von Bella zu Vava. Neben dem Brautpaar unter dem Hochzeitshimmel sehen wir die Silhouette von St. Paul, darunter, auf dem Kopf stehend, die von Witebsk. Die beiden Städte sind für Marc Chagall Symbol geworden für die Liebe, die dem Künstler 29 Jahre lang von Bella geschenkt wurde und die er nun schon seit 1952 von Vava empfängt.

Daß aus dem Traum, Fenster von Marc Chagall für St. Stephan zu erhalten, Wirklichkeit wurde, ist in besonderer Weise auch Frau Vava Chagall zu verdanken.

Liebe

Marc Chagall liebt Witebsk, Jerusalem, Paris und St. Paul. Er liebt sie, weil diese Städte von Liebe erzählen: von der Liebe Gottes, von liebenden und geliebten Menschen, von der Liebe, die den Menschen Freiheit schenkt, sich zu entfalten, von einer Welt der Liebe.

Marc Chagall lebt aus der Liebe und für die Liebe. Im Zusammenhang mit der Einweihung der Fenster in der Kathedrale von Reims sagte er 1974: »On ne fait rien, si on n'aime pas – Man schafft nichts, wenn man nicht liebt.« Wie Marc Chagall seine Lebensaufgabe, seine große Kunst sieht, wird in jenem Wort am 7. Juli 1973 deutlich: »Da alles Leben unaufhaltsam seinem Ende zufließt, so sollen wir es, solange wir leben, mit den uns eigenen Farben der Liebe und der Hoffnung malen« (Biblische Botschaft, S. 16). Marc Chagall hofft, daß seine Kunst verstanden, das Ideal der Liebe gesucht wird, »wie es meine Farben und meine Liebe geträumt haben.« Von der Verwirklichung des Traumes einer Welt der Liebe ist Marc Chagall trotz allem Leid, das auch er im Leben erfahren hat, überzeugt: »Ist dieser Traum möglich? Ja, in der Kunst sowie im Leben ist alles möglich, wenn es auf Liebe beruht« (Biblische Botschaft, S. 16).

KONZEPT

Das Konzept von Marc Chagall für das Mittelfenster im Ostchor geht vom Altar aus. Der Altar in der Vierung, im Schnittpunkt von Längsschiff und Querhaus stehend, bildet den Mittelpunkt des Gotteshauses. Aus Stein errichtet, versinnbildet der Altar Christus. Der 1. Petrusbrief (2, 6) sieht in Jesus Christus das Prophetenwort erfüllt: »Deswegen spricht also Jahwe: Seht, ich lege in Zion einen Grundstein, einen bewährten Stein; einen kostbaren Eckstein. Wer glaubt, wird nicht wanken« (Jes 28, 16). Jesus selbst hat das Psalmwort »Der Stein, den die Bauleute verwarfen, er ist zum Eckstein geworden« (Ps 118, 22), auf sich bezogen (vgl. Mt 21, 42). Deshalb mahnt Petrus: »Tretet heran zu ihm, dem lebendigen Stein« (1 Petr 2, 4).

Auf dem Altar wird das Kreuzesopfer Jesu Christi und mit ihm der gekreuzigte, auferstandene und zum Vater erhöhte Herr unter sakramentalen Zeichen geheimnisvoll gegenwärtig. Deshalb steht das Kreuz auf dem Altar. Der Altar ist auch »Tisch des Herrn«. Von ihm empfangen die Gläubigen Christus im heiligen Mahl. Am Altar geschieht die Feier der Danksagung, in der Gott durch Jesus Christus »alle Ehre und Verherrlichung« wird. Vom Altar her wirkt Gott in unsere Welt hinein, sie heiligend in Jesus Christus. Der Altar, und was auf ihm geschieht, rührt an das Geheimnis Gottes, dient ausschließlich dem Gottesdienst, der Feier der »göttlichen Geheimnisse«.

Immer geht es um Gott. Gott aber ist gestaltlos, rein geistig, jeder Darstellbarkeit entzogen. Und dennoch gibt es eine Möglichkeit, Gott bei Wahrung seines Geheimnischarakters darzustellen, nämlich so, wie Gott sich selbst dargestellt hat. Zu verschiedener Zeit und in verschiedener Weise hat sich Gott Menschen geoffenbart. Dieser Möglichkeit, Gott in der Begegnung mit den Vätern darzustellen, bedient sich Marc Chagall in unserem Fenster. Der Malerdichter erzählt uns Theophanien, die vom Geheimnis Gottes, des Gotteshauses künden, das Geschehen auf dem Altar deuten, die biblische Botschaft von Frieden und Heil verkünden.

Es geht Marc Chagall nicht zuerst um Darstellung der Engel und Väter, sondern Thema des Fensters ist Gott selbst, der Gestaltlose, »Der Gott der Väter«: Gott, der sich Abraham im Zeichen der drei Engel bei einem Mahl geoffenbart, der mit sich reden läßt, wie die Fürbitte für die sündigen Städte Sodom und Gomorra erkennen läßt, und der als fordernder Gott Abraham und Isaak prüft, um dann mit Abraham und seinen Nachkommen einen Bund zu schließen. Gott offenbart sich Jakob im Traum von der Himmelsleiter. Und wieder ganz anders gibt sich Gott Mose zu erkennen: »Mit ihm rede ich von Mund zu Mund, von Gesicht zu Gesicht, nicht in Rätseln. Er darf die Gestalt des Herrn schauen« (Num 12, 8). Gott gibt ihm für die Menschheit »das Gesetz des Lebens und der Einsicht« (Sir 45, 5), und verkündet ihr durch die Propheten Frieden und Heil. Marc Chagall taucht das Fenster in die Grundfarbe des geheimnisvollen Blau, die Farbe des Himmels, die im Beschauer die Stimmung des Mysteriums weckt. Es ist der Gott der Väter, der sich in Theophanien zu erkennen gab. Es gibt nur diesen Gott, nur einen Gott. Und dieser eine Gott, der Gott der Väter, der Gott Abrahams, Isaaks und Jakobs, der Gott des Mose und der Propheten, ist der Gott Jesu Christi. Jesus selbst spricht, dem Volk Israels entstammend und zugehörig, »dem Gesetz unterstellt« (Gal 4, 4), mit Selbstverständlichkeit von Jahwe als dem »Gott Abrahams, Isaaks und Jakobs« (vgl. Lk 20, 37). Jesus kennt keinen anderen Gott. So bezeugt denn auch Petrus: »Der Gott Abrahams, Isaaks und Jakobs, der Gott unserer Väter hat seinen Knecht Jesus verherrlicht« (Apg 3, 13).

Die junge Kirche hat ebensowenig an der Identität des Gottes Jesu Christi mit dem Gott der Väter gezweifelt. Paulus, der sich im Römerbrief als Israelit aus dem Geschlecht Abrahams von dem Stamme Benjamin bezeichnet (Röm 11, 1), erklärt vor dem römischen Statthalter Felix: »Das jedoch bekenne ich dir: Ich diene dem Gott meiner Väter« (Apg 24, 14).

Indem Marc Chagall im Mittelfenster den Gott der Väter, den einen und einzigen Gott von Juden und Christen, in biblischen Theophanien dargestellt hat, setzt er ein Zeichen für den Monotheismus, den gemeinsamen Glauben von Juden und Christen an den einen Gott, die Quelle jüdisch-christlicher Verbundenheit. Die Kirche Christi wurzelt im auserwählten Volk. Schon Paulus mahnt, das Verhältnis der

Kirche zum Judentum richtig zu sehen und zu bedenken: »Nicht du trägst die Wurzel, sondern die Wurzel trägt dich« (Röm 11,18). So ist dieses Fenster Mahnung, die so enge Verbundenheit von Juden und Christen nicht mehr zu vergessen.

Aber auch für deutsch-französische Freundschaft und Völkerverständigung ist in der biblischen Botschaft des Mittelfensters ein Zeichen gesetzt. Marc Chagall hat den Weg dorthin aufgezeigt: Friede unter den Völkern gibt es nur, wo die Menschheit Frieden mit und in Gott sucht. Es gibt keinen anderen Urgrund für die Gemeinsamkeit der Völker als den Schöpfergott, keine stärkere Bindung aneinander als den Glauben an den einen Gott und Vater aller Menschen. Es gibt keine tragfähige Liebe zueinander, wenn diese nicht aus der Liebe zu Gott erwächst. Und der Weg zu Frieden und Heil liegt im Befolgen der Zehn Worte, die Gott dem Mose zum Besten der Menschheit anvertraut hat. So zeigt die biblische Botschaft im Mittelfenster der Menschheit den Weg zur Völkerverständigung und erweist damit zugleich ihre bleibende Aktualität.

Vom Altar geht das Konzept des Mittelfensters aus und zu ihm kehrt es zurück, denn in den dargestellten Themen ist das Geschehen auf dem Altar in Bildern der Bibel illustriert:

Der Gottesdienst gilt dem einen Gott, dem Gott der Väter, dem Gott Jesu Christi, der sich geoffenbart, und dessen Offenbarung nach christlicher Überzeugung in der Menschwerdung Christi ihren Höhepunkt erreicht hat. Christus hat uns die Kunde gebracht, daß dieser eine Gott ein dreieiniger Gott ist, eins im Wesen und dreifach in Personen, im Vater und im Sohn und im Heiligen Geist. Dieses Geheimnis des Glaubens ist im Fenster in den drei Engeln angedeutet, deren sich Jahwe bei der Begegnung mit Abraham bedient.

Das Gastmahl weist hin auf das Mahl, das Gott selbst uns bereitet in der Feier der heiligen Eucharistie. In seiner Fürbitte für die sündigen Städte wird Abraham zum Vorbild Christi, unseres Fürsprechers beim Vater.

Das Opfer des Isaak läßt an die Gehorsamstat Christi, sein Erlösungsopfer denken.

Der Traum Jakobs von der Himmelsleiter erzählt vom Hinabsteigen Gottes, seiner Zuwendung zu uns und vom Aufsteigen unserer Gebete zu Gott.

Und die Begebenheit »Mose bringt dem Volk das Gesetz« wiederholt sich im Gottesdienst in der Verkündigung des Wortes Gottes.

Alles aber, was auf dem Altar geschieht, will Weg sein zu diesseitigem und jenseitigem Heil und Frieden für Menschen und Welt, wie die Friedensbotschaft im Dreipaß des Fensters verkündet.

Wie aber Christus, der lebendige Stein, symbolisiert im Altar, zum Stein des Anstoßes wird, an dem sich die Geister scheiden, so kündet das Fenster in der Verjüngung unterhalb des Dreipasses die Botschaft von der Unerläßlichkeit menschlicher Wahl und Entscheidung in der »Rede des Mose von den beiden Wegen«.

In genialer Auswahl und Verbindung der im Fenster aufsteigenden biblischen Botschaft, im Sichhineinfinden des Künstlers in das Geheimnis des Gotteshauses und Gottesdienstes, in Beachtung von Architektur, Geschichte und Symbolgestaltung hat Marc Chagall alle Erwartungen übertroffen. Wovon seine Bilder erzählen, davon singen seine Farben. Wie gut war es, dem Künstler in der Wahl der biblischen Motive Freiheit zu lassen! Sein Werk ist aus prophetischer Schau geboren.

Dem »Gott der Väter« und Marc Chagall können wir nicht genug danken für die biblische Botschaft, die uns in diesem Kunstwerk geschenkt worden ist.

Marc Chagall bei der Schwarzlotmalerei, neben sich die Maquette

JAHWE OFFENBART SICH ABRAHAM

JAHWE erschien ihm bei der Terebinthe Mamres, als er um die heiße Tageszeit am Eingang des Zeltes saß.

Er erhob seine Augen, und siehe, da standen drei Männer vor ihm.

Sowie er sie sah,, eilte er vom Eingang des Zeltes ihnen entgegen, verneigte sich bis zur Erde und sagte: »Mein Herr, wenn ich in deinen Augen Gnade gefunden habe, dann gehe an deinem Knecht nicht vorüber.

Man bringe etwas Wasser, dann wascht eure Füße, legt euch unter den Baum.

Ich hole unterdessen einen Bissen Brot, damit ihr euch stärkt, dann mögt ihr weitergehen. Denn dazu seid ihr doch bei eurem Knecht vorübergekommen.«

Sie sprachen: »Tue, wie du gesagt hast!«

Nun eilte Abraham in das Zelt zu Sara und sprach: »Nimm rasch drei Maß Mehl, Feinmehl, knete und backe Kuchen!«

Darauf lief Abraham zu den Rindern, nahm ein zartes und kräftiges Kalb und übergab es dem Knecht, damit er es eilends zubereite.

Dann holte er Butter und Milch und das zubereitete Kalb und setzte es ihnen vor. Während sie saßen, stand er vor ihnen unter dem Baum.

Dann fragten sie ihn: »Wo ist deine Frau Sara?« Er antwortete: »Hier im Zelt.«

Da sprach ER: »Ich werde im nächsten Jahr um diese Zeit wiederkommen, dann hat deine Frau einen Sohn.«

Genesis 18,1–10a

Wer sind die Männer, die Abraham besuchen? Die Schrift läßt keinen Zweifel. Sie stellt die Antwort an den Anfang der Erzählung: »Jahwe erschien ihm.« Gott selbst kommt zu Besuch. Es ist die Zeit der Mittagsglut, jene Zeit, in der die Sonne ihren höchsten Stand erreicht und mit ihrem gleißenden Licht das Land überflutet. Von der Lichtfülle des Mittags ist etwas in dem Bild eingefangen. Nach Beduinenart sitzt, wie die Bibel berichtet, Abraham am Zelteingang, blickt auf, sieht drei Männer vor sich stehen. Unbemerkt sind sie gekommen, und zu einer Zeit, in der niemand der sengenden Sonne wegen unterwegs ist. Aber so ist das mit Gott: Sein Kommen läßt sich nicht berechnen, ereignet sich meist völlig unerwartet.

Abraham fühlt sich dem Heiligen verbunden, weiß sich von Gott gerufen und geführt. Deshalb hat Marc Chagall für die Gestalt des Abraham den blauen, das Mysterium Gottes andeutenden Grundton des Fensters gewählt. Abraham hatte auch seinen Zeltplatz nahe einer Kultstätte, eines heiligen Baumes, der »Terebinthe Mamres« – links oben im Bild – gewählt. Der Baum schenkt nicht nur Schatten, in der Bibel ist er zugleich Symbol der Fruchtbarkeit, des Lebens, der Geborgenheit.

Fremde sind es, die Abraham besuchen. Er hat sie nie zuvor gesehen, weiß nicht, wer sie sind, woher sie sind. Dennoch bereitet ihnen Abraham einen mehr als herzlichen Empfang. Er vertauscht die Rollen, verneigt sich vor den Fremden bis zur Erde, spricht sie »mein Herr« an, und bittet bescheiden um die Ehre des Besuches. Abrahams Verhalten gibt zu denken. Nicht seine Gäste, sondern sich selbst sieht er mit dem Besuch beschenkt. Den Fremden weiß er sich zutiefst verpflichtet. Als Abbild Gottes ist der Gast für Abraham ein ungleich größeres Geschenk als alle materiellen Gaben, mit denen er seinen Besuch umsorgt. Deckt deshalb Abraham auch überreich den Tisch, er weiß, der eigentlich Beschenkte ist er selbst. So hat Marc Chagall Abraham gemalt. Ganz bescheiden, demütig sitzt er am Rand, so sehr, daß man ihn fast übersehen könnte.

Der Hebräerbrief erinnert an die Gastlichkeit des Abraham: »Die Gastfreundschaft vergeßt nicht. Durch sie haben manche, ohne es zu wissen, Engel beherbergt« (Hebr 13, 2). Was Abraham dem Abbild Gottes, den drei Männern zugedacht, erweist sich später als Gott selbst getan. So wird Abraham in seiner Gastlichkeit noch mehr zum Beschenkten, denn Gott ist die größte Gabe, der der Mensch teilhaftig werden kann.

Marc Chagall hat die Männer als Engel dargestellt. Im folgenden Kapitel der Genesis (19, 1) werden sie – wie im Hebräerbrief – auch so genannt. In jedem Fall sind sie geheimnisvolle Boten, in denen sich verbirgt, der zu Mose sagte: »Du kannst mein Angesicht nicht schauen« (Ex 33, 20). Was auffällt, ist die Farbgebung der Engel. Marc Chagall hat sie in so kräftigen, lebensfrohen Farben gemalt: rot, grün, goldgelb, weiß. Was hat ihn wohl dazu bestimmt? Zunächst hängt diese Farbgestalt auch mit dem mittäglichen Licht zusammen. Wenn die Sonne scheint, ist alles leuchtender, strahlender, wie verzaubert. Jedoch bei Marc Chagall ist alles mehrschichtig. Das hat auch etwas mit dem Wesen der Engel selbst zu tun. Engel sind Boten Gottes. In Gott haben wir die Quelle, den Urgrund aller Freude. Deshalb sind Engel Boten der Freude. Und mit einer frohmachenden Botschaft sind sie hier. Um uns das nahezubringen, gibt der Künstler den Engeln eine so lebensfrohe, frohmachende Farbgestalt.

Die biblische Erzählung spricht von drei, die Abraham besuchen. Auffallend ist der Wechsel. Bald sprechen die drei, dann spricht nur einer. Schon die Väter der frühchristlichen Zeit und die Maler der Ikonen haben aus der Sicht der Botschaft Jesu in den dreien eine zarte Andeutung des Geheimnisses Gottes, der Heiligsten Dreifaltigkeit erblickt.

Abrahams Einladung wird angenommen. Dabei geht es nicht nur um willkommene Rast im Schatten des Baumes, um Bewirtung, Sättigung. Hier ereignet sich Gemeinschaft von Gott und Abraham in Gespräch und Mahl. Gott sucht mit dem Menschen, den er nach seinem Bild erschaffen (Gen 1, 27), das Gespräch. Vom Menschen her wird dieser Dialog Gebet genannt.

Näher als Abraham bei jenem Mahl, ist Gott uns nahe gekommen in Jesus Christus, seinem Sohn. Unterhalb des Fensters, nur wenige Schritte davon entfernt, steht der Altar. Hier ist die Stätte, wo Gott selbst in Jesus Christus sich uns schenkt im heiligen Mahl: »Nehmet und esset alle davon: Das ist mein Leib, der für euch hingegeben wird. Nehmet und trinket alle daraus: Das ist der Kelch des neuen und ewigen Bundes, mein Blut, das für euch und für alle vergossen wird zur Vergebung der Sünden. Tut dies zu meinem Gedächtnis.« Gottes Gastfreundschaft ist nicht zu übertreffen. Nicht nur zur Betrachtung des Bildes, der herrlichen Farben, sondern zur Meditation der biblischen Botschaft, die zur Begegnung mit Gott führen will, lädt Chagall uns ein. Gott offenbart sich jedem, der ihn ernsthaft sucht.

Über Abraham sehen wir, aus der Haustür tretend, Sara, seine Frau, in langem, rotem Gewand. Mit ihr kommt das zur Bilderwelt von Marc Chagall gehörende Leitmotiv der Polarität ins Bild: das Männliche in Abraham, das Weibliche in Sara, beide Geschlechter hier in ihrer Leiblichkeit dargestellt. Auch ist es kein Zufall, daß uns das Rot in ihrem Rock wiederbegegnet in den Engeln, gilt ihr Besuch doch fast noch mehr Sara als Abraham. Die Fremden, die Abraham nie zuvor gesehen hat, kennen den Namen seiner Frau. Unvermittelt fragen sie nach ihr: »Wo ist deine Frau Sara?« Sie wissen um ihr Leid. Sara war kinderlos geblieben trotz der Verheißung: »Segnen will ich sie, daß sie zu Völkern werde« (Gen 17, 16). Jetzt aber ist der Zeitpunkt nahe. Mit großer Bestimmtheit wird Abraham die Zusage: »Ich werde im nächsten Jahr um diese Zeit wiederkommen, dann hat deine Frau Sara einen Sohn.« Das ist die frohe Botschaft Gottes für Abraham und Sara, von den drei Engeln überbracht. Übers Jahr war es soweit. Die Verheißung hat sich erfüllt. Sara hat Abraham einen Sohn geboren. Seitdem können alle späteren Geschlechter zu dem Gott der Väter beten, zu dem Gott ihres Vaters Abraham.

DIE FÜRSPRACHE ABRAHAMS

Nun sprach JAHWE: »Die Klage über Sodom und Gomorra, sie hat sich gehäuft, und ihre Sünde, sie ist sehr schwer.
Darum will ich hinabgehen und sehen, ob alle so getan haben, wie der Klageschrei über sie zu mir gedrungen ist, oder nicht; ich will es wissen.«
Da wandten sich die Männer von dort gegen Sodom; Abraham aber blieb vor JAHWE stehen.
Nun trat Abraham näher und sprach: »Willst du wirklich den Gerechten mit dem Frevler verderben? Vielleicht gibt es fünfzig Gerechte in der Stadt. Willst du sie wirklich verderben und nicht lieber dem Ort um der fünfzig Gerechten willen, die dort wohnen, vergeben?
Ferne sei es von dir, so zu tun, den Gerechten mit dem Frevler zu töten, so daß es dem Gerechten wie dem Frevler erginge! Das sei ferne von dir! Sollte der Richter der ganzen Erde nicht Gerechtigkeit üben?«
Da sprach JAHWE: »Wenn ich in Sodom fünfzig Gerechte in der Stadt finde, so will ich um ihretwillen dem ganzen Ort vergeben.«
Abraham antwortete und sprach: »Ich habe mich nun einmal unterfangen, zu meinem Herrn zu reden, obwohl ich Staub und Asche bin.
Vielleicht fehlen an den fünfzig Gerechten noch fünf. Wirst du wegen der fünf die ganze Stadt verderben?« ER sprach: »Ich werde nicht verderben, wenn ich dort nur fünfundvierzig Gerechte finde.«
Darauf fuhr er fort, zu ihm zu reden, und sprach: »Vielleicht finden sich dort nur vierzig.« Und ER sprach: »Ich werde es auch um der vierzig willen nicht tun.«
Da sagte er: »Zürne nicht, Herr, wenn ich (nochmals) rede! Vielleicht finden sich dort nur dreißig.« ER antwortete: »Ich werde es nicht tun, wenn ich dort dreißig finde.«
Da sagte er: »Siehe, ich habe mich nun einmal unterfangen, zu meinem Herrn zu reden. Vielleicht finden sich dort nur zwanzig.« ER sprach: »Ich werde um der zwanzig willen nicht verderben.«
Darauf sagte er: »Zürne mir nicht, Herr, wenn ich nur noch dieses eine Mal rede. Vielleicht finden sich dort nur zehn.« Und ER sprach: »Ich werde auch um der zehn willen nicht verderben.«
Darauf ging JAHWE weg, nachdem er das Gespräch mit Abraham beendet hatte. Abraham aber kehrte nach Hause zurück.

Genesis 18, 20–33

Die drei Männer brechen von Mamre auf, wenden sich Sodom zu. Abraham gibt ihnen ein Stück Weges das Geleite (Gen 18,16). Der Herr ist der Gott Abrahams, aber nicht nur. Der Schöpfer des Himmels und der Erde ist der Gott aller Menschen. Es gibt nur einen Gott. Wo immer Menschen leben, gilt: »Jahwe, unser Gott, ist der einzige Jahwe« (Dtn 6,4).
Dieses Bild ist bei weitem nicht so lichtdurchflutet wie das unterste im Fenster. Die Farben sind wie zurückgenommen, gehaltener, gedämpfter. Die kleine Mondsichel oberhalb von Abraham löst das Geheimnis. Es ist jetzt nicht mehr die Zeit der Mittagsglut. Es ist Abend geworden, die Sonne ist unter-, der Mond ist aufgegangen, und mit dem Licht verändert sich unsere Welt. So erscheint uns Abraham im abendlichen Licht des Mondes in einem andersfarbigen Gewand, diesem rosenquarzartigen Farbton, rot-violett. Und auch die Gewandung der Engel hat sich im abendlichen Licht gewandelt.
Abraham steht inmitten der drei Engel, förmlich von ihnen umfangen. Der rechte, obere legt sogar andeutungsweise seinen Arm um Abraham: »Von rückwärts und vorne schließt du mich ein, und legst auf mich deine Hand« (Ps 138,5). Nicht bedrängt, sondern geborgen, zur Freiheit befreit!
Ist auch Jahwe der Gott aller Menschen, so verbindet ihn dennoch mit Abraham besondere Freund-

schaft seit dem Tag, an dem Jahwe einen Bund mit ihm geschlossen hat (Gen 15,8). Dieser Bund kommt zum Tragen. Jahwe zieht Abraham ins Vertrauen: »Kann ich vor Abraham geheimhalten, was ich zu tun gedenke?« (Gen 18,17). Jahwe zieht Menschen ins Vertrauen, aber auch zur Rechenschaft: »Die Klage über Sodom und Gomorra, sie hat sich gehäuft, und ihre Sünde, sie ist sehr schwer.« Das andersfarbige Gewand Abrahams findet seine Begründung aber nicht nur im veränderten, abendlichen Licht. Da gibt es noch einen Grund. Abraham spielt eine andere Rolle als im untersten Bild. Dort ist es eine mehr passive: Wir erleben ihn als den Sitzenden, Hörenden, durch den Besuch der Engel Beschenkten. Hier aber spielt er eine ganz aktive Rolle. Deshalb steht er auch. Er wird zum Fürsprecher, nicht nur für die Gerechten, die dort leben, sondern auch für die sündigen Menschen. Alle umgreift die Fürbitte Abrahams.

Abraham bedient sich in seiner Fürsprache eines Argumentes besonderer Art: Jahwe soll vielen Schuldigen um weniger Gerechter willen vergeben. An dieser Stelle taucht erstmals in der Bibel der Gedanke der Stellvertretung auf. Und Gott macht mit, läßt mit sich reden, handeln, rechten. Abraham nützt die Freundschaft, die Jahwe ihm schenkt, verhandelt kühn und bescheiden, sich seines Abstandes von Jahwe bewußt. Er tastet sich bis an die Grenze dessen, was bei Wahrung der Gerechtigkeit dem Erbarmen Gottes möglich ist. Nach Art orientalischen Marktgebarens handelt Abraham mit Gott, die sündigen Städte auch dann noch zu verschonen, wenn sich dort nur zehn Gerechte finden. Jahwe sagt zu: »Ich werde auch um der zehn willen nicht verderben.« Abrahams Demut, verbunden mit Bescheidenheit, gibt seiner Fürbitte gewinnende Kraft. Ob die Welt ahnt, was sie den Gerechten verdankt?

Ein kleines Tier, in goldgelbem Farbton gehalten, krabbelt aus der Wand zur Linken in das Bild hinein. Marc Chagall liebt die Symbole, aber er sagt: »Symbole darf man nicht wollen, zu Symbolen muß man kommen.« Symbole dürfen kein Fremdkörper in einem Bild sein, sondern müssen sich natürlich, selbstverständlich, einfach dazugehörig aus einem Bild ergeben. Bei Chagall sind die Tiere meist Symbol für das Leben, und zwar das unverdorbene Leben. Was soll nun dieses kleine Tier in unserem Bild? Damit deutet der Künstler an, wie wichtig das, was Abraham hier tut, für das in dem Tier symbolisierte Leben, unser Leben ist. Unser Leben braucht nicht nur unsere Arbeit, sondern auch unser Gebet, unsere Fürsprache. So erinnert der Künstler in diesem Bild an eine Dimension des Menschlichen, die jedem von uns schon mit dem Menschsein gegeben ist, an unsere Berufung und Befähigung zu Gebet und Fürsprache.

Nicht nur die Abendstunde kündend steht der Mond am Himmel. Der Mond, sein Licht der Sonne verdankend, ist Symbol des Empfangens, des Weiblichen. So haben wir auch hier das Leitmotiv der Polarität: das Männliche in Abraham, er in seiner Leiblichkeit dargestellt, und das Weibliche hier im Symbol der Empfänglichkeit, der Mondsichel. Und über Abraham stehend erhält diese Mondsichel noch eine zusätzliche Aussage. Sie macht deutlich, in welcher Haltung Abraham – und nicht nur er, sondern wir alle als Geschöpfe – Gott, dem Schöpfer gegenüberstehen. Der Mensch ist vor Gott einer, der empfängt, der es deshalb nötig hat, Gott zu bitten: »Bittet und ihr werdet empfangen« (Joh 16,24).

In Abrahams Fürsprache erfüllt sich schon die ihm gegebene Verheißung: »Du sollst ein Segen sein!« (Gen 12,2). Jeder kann anderen durch Fürbitte zum Segen werden. Bittgebet ist nie umsonst, auch wenn der Erfolg lange auf sich warten läßt, vielleicht gar nicht sichtbar wird, oder andere Erfüllung findet als erwartet.

Jahwe beendet das Gespräch. Um einer geringen Zahl von Gerechten willen ist der Gott Abrahams bereit zu retten, zu verschonen. Wenn Sodom und Gomorra dennoch untergehen (Gen 19), so deshalb, weil die kleine Zahl von zehn Gerechten nicht aufzufinden war. Die Gerechten, Lot mit Frau und seinen beiden Töchtern werden aus der Stadt geführt. Als Urbild der Vaterschaft und Väterlichkeit erweist sich in Gerechtigkeit und väterlichem Erbarmen der Gott der Väter.

DAS OPFER DES ISAAK

Nach diesen Begebenheiten geschah es, da prüfte Gott Abraham und sprach zu ihm: »Abraham, Abraham!« Er antwortete: »Hier bin ich!«

Da sprach ER: »Nimm deinen Sohn, deinen einzigen, den du liebhast, den Isaak, und gehe in das Land Morija und bringe ihn dort auf einem der Berge, den ich dir sagen werde, als Brandopfer dar.«

Abraham stand früh am andern Morgen auf, sattelte seinen Esel, nahm zwei Knechte mit sich und seinen Sohn Isaak. Nachdem er Holz zum Brandopfer gespalten hatte, brach er auf und begab sich nach dem Ort, den ihm Gott gesagt hatte.

Als sie an den Ort kamen, den Gott ihm gesagt hatte, baute Abraham den Altar, schichtete das Holz auf, band seinen Sohn und legte ihn auf den Altar, oben auf das Holz.

Dann streckte Abraham seine Hand aus, nahm das Messer, um seinen Sohn zu schlachten.

Da rief der Engel Jahwes vom Himmel her ihm zu und sprach: »Abraham, Abraham!« Er antwortete: »Hier bin ich!«

Da sprach er: »Strecke deine Hand nicht nach dem Jungen aus und tu ihm nichts zuleide. Denn nun weiß ich, daß du Gott fürchtest und mir deinen einzigen Sohn nicht vorenthalten hast.«

Als Abraham seine Augen erhob, sah er einen Widder, der sich mit seinen Hörnern im Dickicht verfangen hatte. Abraham ging hin, nahm den Widder und brachte ihn an Stelle seines Sohnes zum Brandopfer dar.

Abraham nannte diesen Ort »Jahwe sieht«, so daß man bis zum heutigen Tage sagt: »Auf dem Berge, wo Jahwe vorsieht.«

Darauf rief der Engel Jahwes Abraham zum zweiten Male vom Himmel her zu und sprach: »Ich schwöre bei mir selbst – Spruch Jahwes –, weil du dies getan und deinen einzigen Sohn mir nicht vorenthalten hast, will ich dich reichlich segnen.

Ich werde deine Nachkommen zahlreich machen wie die Sterne des Himmels und wie den Sand am Gestade des Meeres; deine Nachkommen sollen das Tor ihrer Feinde besetzen.

Durch deine Nachkommen sollen alle Völker der Erde gesegnet werden, weil du auf meine Stimme gehört hast.«

Genesis 22.1–3, 9–18

Gott prüfte Abraham und mit ihm Sara, seine Frau, am schwersten Isaak. Die Verheißung hat sich erfüllt, Sara hat Abraham einen Sohn geboren, Isaak. Der Junge wächst heran. Da ergeht jener Auftrag Gottes an Abraham, der uns zunächst so unverständlich erscheint: »Nimm deinen Sohn, deinen einzigen, den du liebhast, den Isaak ... und bringe ihn ... als Brandopfer dar.« Abraham kann das nicht verstehen. Ist damit nicht die Verheißung zurückgenommen, nach der Abraham Stammvater eines großen Volkes wird? Würde ein Mensch von einem anderen solches verlangen, man dürfte ihm niemals gehorchen. Aber hier spricht kein Mensch zu Abraham, sondern der Herr des Lebens, Gott selbst.

Nie zuvor war Abraham in solch innerer Zerreißprobe. Vielleicht hat dies der Künstler angedeutet in dem Aufeinanderprallen der Farben in Abraham: grün und goldgelb, blau und weiß. Sehen wir auf das Gesicht des Abraham! Es ist eingetaucht in den blauen, das Geheimnis Gottes andeutenden Grundton des Fensters. In sich gekehrt, schaut er auf den Sohn und zugleich über ihn hinaus. Abraham ist eingetaucht in das Mysterium Gottes, in den Willen Gottes. Sein Glaube ist so stark und sein Vertrauen auf Gott so groß, daß er bereit ist Gott zu gehorchen.

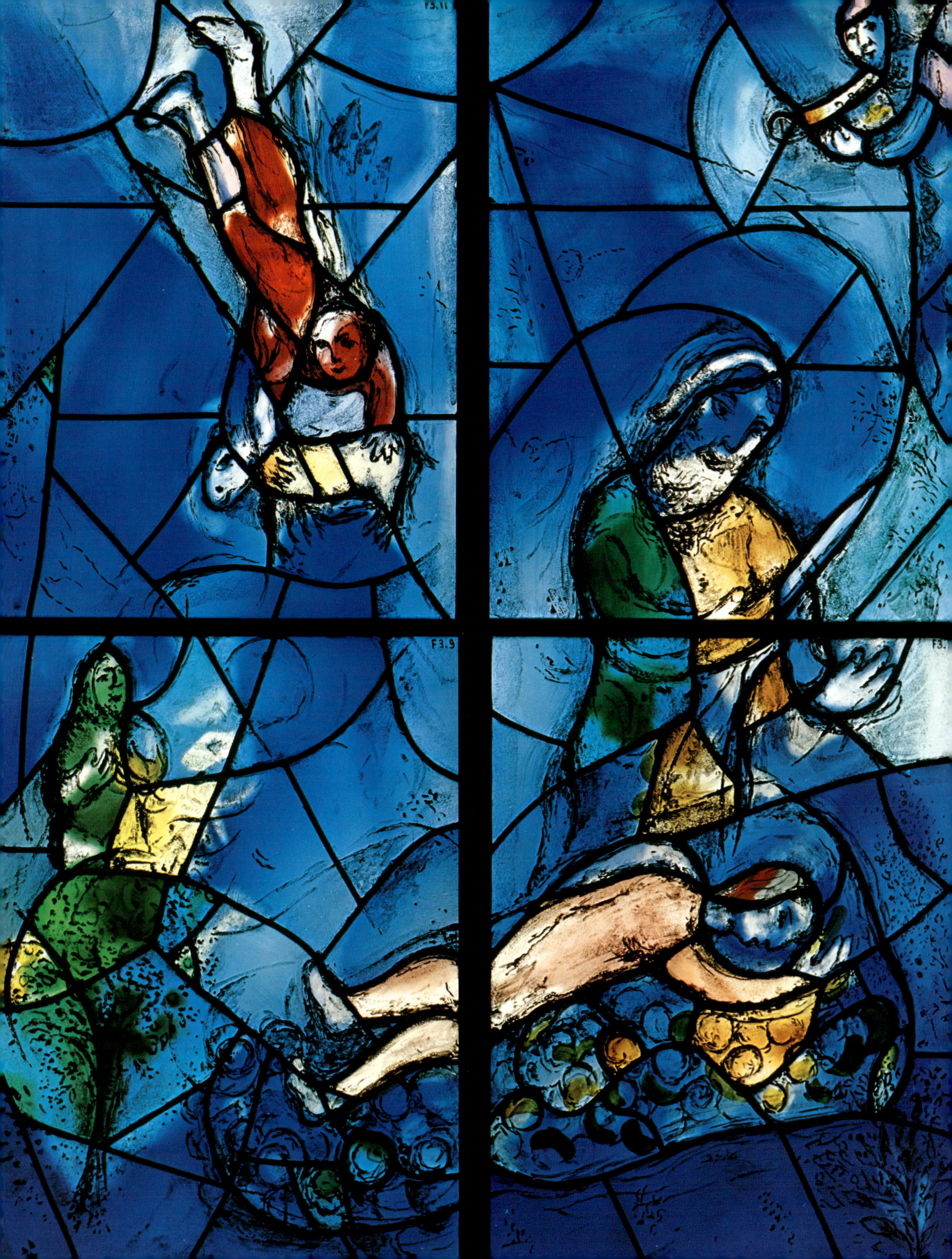

Sollte Isaak, groß und stark genug das Holz zu tragen, nichts geahnt haben? Unterwegs kommt die Frage: »Mein Vater! ... Siehe, da ist das Feuer und das Holz, wo ist denn das Lamm zum Brandopfer?« – Die wortkarge Antwort »Gott wird sich das Lamm zum Brandopfer schon ersehen, mein Sohn« muß erst recht zu denken geben. »So gingen sie beide miteinander«, verbunden, über das Band des Blutes hinaus, durch den Bund mit Gott, den gleichen Glauben, dasselbe Vertrauen.

Wir sehen den Holzstoß mit den kreisrunden Holzscheiten, und darauf liegend, lichtdurchstrahlt, Isaak. Überraschend, wie Chagall Isaak gemalt hat! Nach der Bibel hat Abraham seinen Sohn zunächst gefesselt. Im Bild ist Isaak ohne Fesseln dargestellt. In völlig gelöster, entspannter Haltung liegt er auf dem Opferaltar. Zusätzlich wird das noch betont durch den Gestus des rechten Armes, der unter das Gesicht geschmiegt ist, das auch leicht in den blauen Grundton des Fensters einschwingt. Was will der Künstler damit sagen? Es geht nicht nur um das Opfer des Abraham, sondern mehr noch um das Opfer des Isaak. Er ist es, der geopfert werden soll. Auch geht es nicht nur um den Glaubensgehorsam des Abraham, sondern ebenso um den des Isaak, vom Vater im Glauben erzogen. Nicht nur Abraham ist bereit, den einzigen Sohn zu opfern. Auch Isaak ist bereit, wenn Gott es so will, sich opfern zu lassen, geopfert zu werden. Und diese Bereitschaft, Gott alles, selbst das Leben zu schenken, wird deutlich in dieser entspannten Körperhaltung: ein uneingeschränktes, vorbehaltloses Ja zum Willen Gottes.

Links unten sehen wir einen grünenden Baum und darüber herausragend, wie von ferne, nur schemenhaft angedeutet, Sara, die Mutter des Isaak. Vermutlich hat Abraham seiner Frau nicht gesagt, welch' schwerer Auftrag ihm gegeben war, um sie, die Mutter, zu schonen. Chagall bringt Sara ins Bild. Ganz zu Recht, denn es ist undenkbar, daß es Sara entgangen sein sollte, als die beiden von zu Hause weggingen, wie todernst, belastet bis zum äußersten Abraham war. So hat sie ihren Mann noch nie gesehen. Sie hat geahnt, daß sehr Schweres auf Abraham und den Jungen und damit auch auf sie, die Mutter, zukommt. Sara – und nicht nur ihr, sondern den Frauen – ist es in besonderer Weise gegeben, verborgene, nicht ausgesprochene Nöte zu erspüren, zu erfühlen, zu erahnen. Deshalb gehört Sara ins Bild. Sie hat von zu Hause aus mitgebangt, mitgesorgt, mitgelitten, mitgeopfert. Und weil von zu Hause aus, ist sie nur von ferne, schemenhaft angedeutet.

Gott aber will keine Menschenopfer. Er wollte den Glauben prüfen. In dem Moment, da klar ist, Abraham ist bereit zu opfern – schon hat er das Messer in der Hand für den tödlichen Stich –, und Isaak ist bereit geopfert zu werden, gebietet Gott Einhalt. Ein Engel in rot stürzt kopfvoraus vom Himmel. In den ausgestreckten Armen bringt er das Ersatzopfer, einen Widder. Abraham wird der Ruf: »Strecke deine Hand nicht nach dem Jungen aus und tu ihm nichts zuleide. Denn nun weiß ich, daß du Gott fürchtest und mir deinen einzigen Sohn nicht vorenthalten hast.«

Rechts oben sehen wir eine menschliche Gestalt mit dem Schofar, Widderhorn, Blasinstrument des jüdischen Gottesdienstes. Das Schofar ist bei Marc Chagall immer Symbol für Gottes Segen, Frieden und Heil. In dieser kleinen Symbolgestalt ist angedeutet, wie segensreich der Glaubensgehorsam von Abraham, Isaak und Sara waren. Jetzt wird ihm gesagt: »Weil du dies getan und deinen einzigen Sohn mir nicht vorenthalten hast, will ich dich reichlich segnen ... Durch deine Nachkommen sollen alle Völker der Erde gesegnet werden, weil du auf meine Stimme gehört hast.« Deshalb beginnt auch der Stammbaum Jesu bei Matthäus (1,1) mit dem Vater des Glaubens, Abraham.

Im Opfer Isaaks erkennt Israel sich selbst. Im Laufe der Geschichte wiederholt als Brandopfer auf den Altar gelegt, hat Jahwe sein Volk, dem Bund mit Abraham getreu, durch die Jahrtausende hindurch gerettet. In seiner Bereitschaft, den eigenen Sohn zu opfern, hat Abraham Jahwe, den Gott und Vater unseres Herrn Jesus Christus abgebildet, »der seinen eigenen Sohn nicht verschont, sondern ihn für uns alle hingegeben hat« (Röm 8,32). Und Isaak, das Holz zum Opfer seiner selbst auf seinen Schultern tragend, weist auf Jesus Christus hin, der für uns das Kreuz getragen hat. In seiner Bereitwilligkeit, das eigene Leben hinzugeben, stellt Isaak im voraus Jesus dar, der sich zu unserem Heil geopfert hat. Vom Altar, auf dem in der Feier der Eucharistie das Kreuzesopfer Christi gegenwärtig wird, zum Fenster aufschauend, dürfen wir erkennen: Der Gott unseres Herrn Jesus Christus ist kein anderer als der Gott Abrahams und Isaaks.

DER TRAUM JAKOBS

Jakob zog aus von Beerscheba und ging nach Haran.

Er gelangte zu der Stätte und blieb dort über Nacht, weil die Sonne schon untergegangen war. Er nahm einen von den Steinen von der Stätte, machte ihn zum Lager für sein Haupt und legte sich an jener Stätte schlafen.

Da träumte ihm: Siehe, eine Leiter war auf die Erde gestellt, deren Spitze den Himmel berührte. Und siehe, Gottes Engel stiegen daran auf und nieder.

Und siehe, Jahwe stand über ihr und sprach: »Ich bin Jahwe, der Gott deines Vaters Abraham und der Gott Isaaks. Das Land, auf dem du ruhst, will ich dir und deinen Nachkommen geben.

Deine Nachkommenschaft soll wie der Staub der Erde werden, und du sollst dich nach West und Ost, nach Nord und Süd ausbreiten, und durch dich und deine Nachkommen sollen alle Geschlechter der Erde gesegnet werden.

Siehe, ich bin mit dir. Ich will dich überall behüten, wohin du gehst, und dich in dieses Land zurückführen. Denn ich werde dich nicht verlassen, bis ich vollbracht, was ich dir verheißen habe.«

Jakob erwachte aus seinem Schlaf und sprach: »Wahrlich, Jahwe ist an dieser Stätte, und ich wußte es nicht!«

Er fürchtete sich und sprach: »Wie furchtbar ist diese Stätte! Hier ist nichts anderes als das Haus Gottes und hier die Pforte des Himmels.«

Genesis 28,10–17

Über dem Bild vom Opfer des Isaak liegt Jakob. Marc Chagall hat ihn mit offenen Augen träumend dargestellt. Wohl um zu sagen: Hier geht es nicht nur um einen Traum, sondern um eine Traumvision.

Das Grün im Gewand von Jakob ist unter den vielen Grüntönen, die es bereits in Glas gab, ein Farbton, den es zuvor noch nicht gegeben hat. Er mußte eigens für dieses Fenster entwickelt werden, weil der Entwurf das verlangte. Auf blaues Glas wurde grünes Glas geschmolzen und das ergibt diesen smaragdgrünen, warmen, fast samtartigen Grünton. Deutlich läßt sich erkennen: Wo dieser aufgeätzt ist, leuchtet das darunter liegende Blau hervor.

Wie kam es zu der Traumvision? Jakob war auf der Flucht vor seinem Zwillingsbruder Esau, den er um den Segen des Erstgeborenen gebracht hatte. Für ein Linsengericht hatte zuvor Esau sein Erstgeburtsrecht an Jakob verkauft. So gering schätzte er es (Gen 25,34). Damit war auch das Recht auf den Segen des Erstgeborenen verkauft. Diesen hat sich Jakob von dem erblindeten Vater erschlichen (Gen 27), als Isaak, hochbetagt, seinen ältesten Sohn segnen wollte.

Erschöpft legt sich Jakob am Abend, nahe einer bekannten Kultstelle, nieder und sinkt in tiefen Schlaf. Jakob träumt. Einsam, unter freiem Himmel nächtigend, erfährt er, daß er nicht allein ist, sondern einer da ist, der sich um ihn kümmert, ihm im Traum begegnet.

Eine Leiter ist auf die Erde gestellt, wo Jakob liegt. Ihre Spitze berührt den Himmel. Malt Chagall die Himmelsleiter – in unserem Fenster hat er darauf verzichtet –, ragt sie ins Leere, denn Himmel läßt sich nicht lokalisieren. Himmel ist dort, wo Gott ist. Die Himmelsleiter ist zugleich Bild für die Zusammengehörigkeit von Himmel und Erde, von sichtbarer und unsichtbarer Welt. Letztlich gibt es nicht getrennte Welten, sondern nur eine, die Welt Gottes. Alles in unserer sichtbaren Welt weist über sie hinaus auf den, der »über der Leiter steht«.

Gottes Engel steigen auf und nieder. Auch in unserem Bild hat Marc Chagall nicht ganz auf sie verzich-

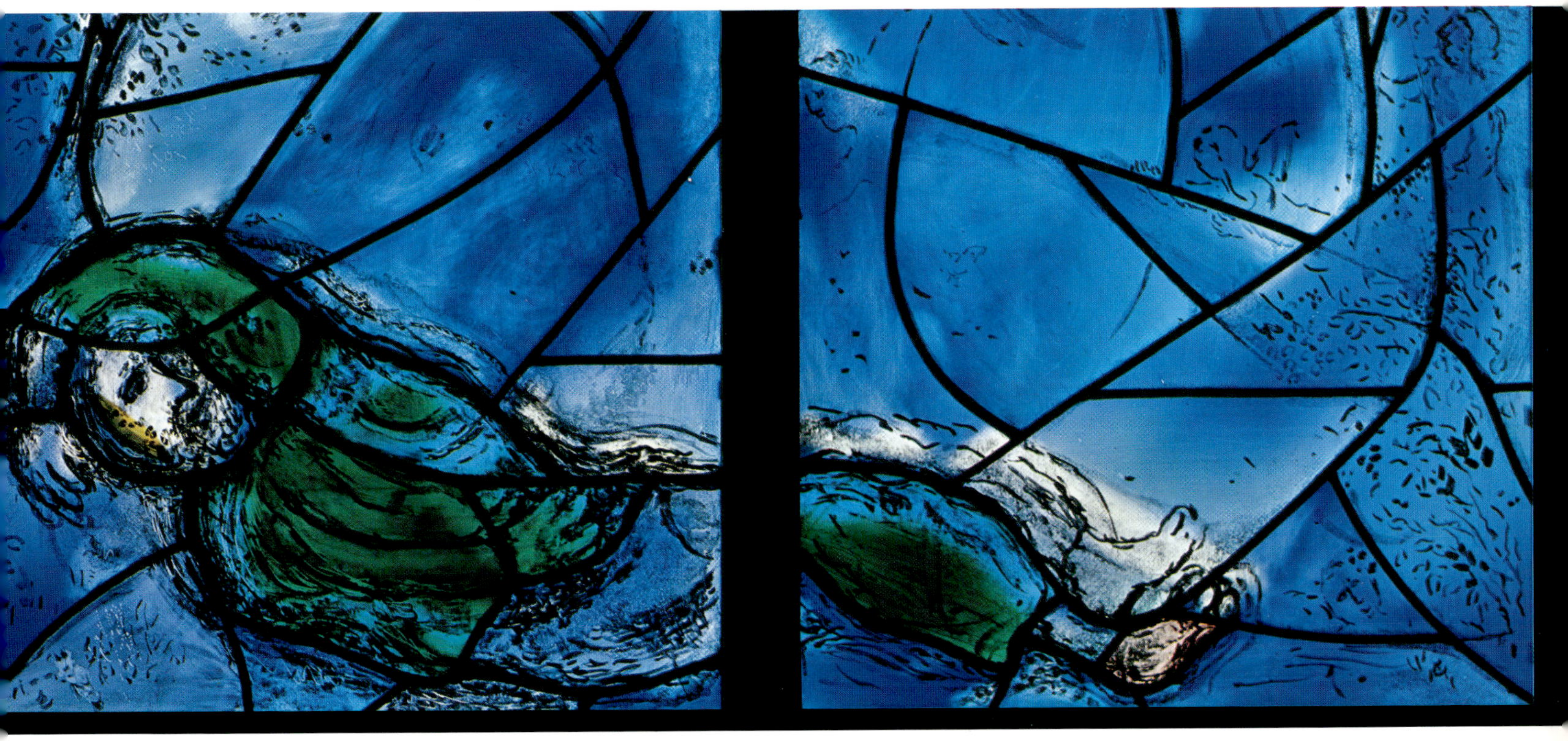

tet, sondern sie umrißhaft mit Schwarzlot in den blauen Grundton gemalt. Engel – für uns unsichtbar, weil rein geistige Geschöpfe – begegnen uns häufig in der Heiligen Schrift. Sie verherrlichen Gott, sind Boten Gottes, wie ihr Name sagt. Ihr Auf- und Niedersteigen macht deutlich: Es geht um mehr als bloße Verbundenheit von Schöpfer und Geschöpf. Gott ist mit seiner Schöpfung im Gespräch, zumal mit jenem Geschöpf, das er »nach seinem Bilde« erschaffen hat: dem Menschen.

So bleibt es denn auch hier nicht bei der Vision von der Himmelsleiter. »Jahwe stand über ihr.« Im Gespräch steigt er gleichsam selbst hinab, stellt sich Jakob vor: »Ich bin Jahwe, der Gott deines Vaters Abraham und der Gott Isaaks.« Dann folgt die Verheißung: Dem Besitzlosen wird das Land, auf dem er ruhte, zum Besitz gegeben, dem noch Ehelosen große Nachkommenschaft versprochen, dem nicht Schuldlosen verheißen: »Durch dich und deine Nachkommen sollen alle Geschlechter der Erde gesegnet werden.« Und dem Schutzlosen wird versprochen, daß Jahwe immer und überall mit ihm ist, ihn nicht verläßt. Nach Abraham und Isaak wird Jakob Träger der Verheißung. Und da es zur Erfüllung dieser Verheißung auch einer Trägerin bedarf, hat Marc Chagall am rechten Bildrand – wie von ferne, weil die Zeit dafür noch nicht gekommen ist – mit Schwarzlot ganz zart eine Frau, wohl Jakobs geliebte Rachel, dem Bild eingefügt.

Jakob erwacht. Für ihn besteht kein Zweifel, daß er träumend Wirklichkeit erlebt hat. Unter dem Eindruck des Erlebten ruft er aus: »Wahrlich, Jahwe ist an dieser Stätte, und ich wußte es nicht.« Im Nachhinein erschauert Jakob im Gedanken an die ihm gewordene Gotteserfahrung. Voll Bewunderung die Stätte betrachtend, auf der die Himmelsleiter gestanden, bekennt er: »Hier ist nichts anderes als das Haus Gottes und hier die Pforte des Himmels.« Nach dieser Gottbegegnung kann die Antwort Jakobs auf Vision und Verheißung nur sein: »Jahwe soll mein Gott sein« (Gen 28,21). Den Stein, auf dem sein Kopf geruht, weiht Jakob zum Gedenkstein, zum Grundstein einer kommenden Kultstätte, die er errichten will. Dem gesamten Ort gibt er den neuen Namen »Bet-El«, das heißt »Haus Gottes«.

Ist der Traum ausgeträumt? Mehrere Gründe dürften Marc Chagall bewogen haben, Jakob und seinen Traum in das Mittelfenster aufzunehmen. Thema des Fensters ist der Gott der Väter. Gott ist unsichtbar, nicht abbildbar. Deshalb geht Marc Chagall einen anderen Weg. Er stellt die Väter dar, denen Gott erschienen, mit denen er gesprochen, Begebenheiten, in denen Jahwe sich ihnen geoffenbart hat. In den Trägern der Verheißung wird die Verheißung und in der Verheißung der verheißende Gott der Väter, unser Gott, sichtbar. Und darüber hinaus wird uns in dem blauen, das Mysterium Gottes andeutenden Grundton des Fensters eine Ahnung von dem unsichtbaren, geheimnisvollen Gott. Gott hat unbegrenzte Möglichkeiten sich zu offenbaren.

Für uns Christen ist es wichtig zu wissen: Der Gott unserer Väter ist der Gott Jesu Christi. Denken wir an die Predigt des Petrus: »Der Gott Abrahams, Isaaks und Jakobs, der Gott unserer Väter, hat seinen Knecht Jesus verherrlicht« (Apg 3,13). Wären die Christen sich immer dieses einen, gemeinsamen Gottes bewußt gewesen sowie der Tatsache, daß der Stammbaum Jesu mit Abraham, Isaak und Jakob beginnt (Mt 1,1-2) und Jesus selbst Jude war, dann hätte es Judenverfolgungen durch Christen niemals geben dürfen. Juden und Christen sind Kinder Abrahams, glauben an den einen Gott, den Gott unserer Väter. Diese Verbundenheit deutlich zu machen, ist ein zentrales Anliegen von Marc Chagall im Mittelfenster des Ostchores.

Der Traum von der Himmelsleiter, auf der Engel auf- und niedersteigen, wird immer neue Wirklichkeit im Gebet, im Sprechen mit Gott und Hören auf Gott. Und ebenso im Gottesdienst! Gott steigt im Wort der Bibel zu uns hernieder und in Jesus Christus, der in dem verwandelten Brot und Wein unter uns und uns zur Speise gegenwärtig ist. Derselbe Herr, der herabsteigt, trägt unsere Gebete zum Vater in den Himmel hinauf. Deshalb beenden wir unsere Gebete »durch Jesus Christus, unseren Herrn«.

In Jakobs Traum wird auch das Geheimnis dieser Kirche gedeutet: »Bet-El«, Haus Gottes, hat Jakob die Stätte der Gotteserscheinung genannt. Auch hier ist »Bet-El«, dessen Geheimnis in dem Bekenntnis ausgesprochen ist: »Wahrlich, Jahwe ist an dieser Stätte... Hier ist nichts anderes als das Haus Gottes und hier die Pforte des Himmels.« Marc Chagall will mit Jakobs Traum im Mittelfenster dem Besucher unserer Kirche helfen, sich dem Geheimnis dieses Hauses, dem Gott der Väter im Gebet zu öffnen.

MOSE BRINGT DEM VOLK DAS GESETZ

Nun sprach Jahwe zu Mose: »Schreibe dir diese Worte auf! Denn auf Grund dieser Worte schließe ich mit dir und mit Israel einen Bund.«

Vierzig Tage und vierzig Nächte war er dort bei Jahwe. Er aß kein Brot und trank kein Wasser. Und er schrieb auf die Tafeln die Worte des Bundes, die Zehn Worte.

Als Mose vom Berge Sinai herabstieg – die Tafeln des Zeugnisses waren in der Hand des Mose, als er herabstieg –, da wußte Mose nicht, daß die Haut seines Angesichtes strahlte, weil er mit ihm geredet hatte.

Als Aaron und alle Israeliten Mose sahen, daß die Haut seines Angesichtes strahlte, fürchteten sie sich, ihm zu nahen.

Mose aber rief sie herbei. Da gingen Aaron und alle Vorsteher der Gemeinde zu ihm hin, und Mose redete mit ihnen.

Nun kamen auch alle Israeliten herzu, und er teilte ihnen alles mit, was Jahwe zu ihm auf dem Berge Sinai geredet hatte.

Exodus 34, 27–32

Von göttlichem Licht durchstrahlt, sehen wir – schräg über dem träumenden Jakob, rechts vom Mittelstab des Fensters – Mose, die Tafeln mit den Zehn Worten in der Hand. Mit der rechten hält er sie, mit der linken weist er auf sie hin. Marc Chagall läßt Mose aus dem Blau des Himmels, aus dem Mysterium Gottes heraustreten, zur Erde schweben, um kundzutun, daß Mose von Gott kommt. Seine Gestalt scheint sich vom Fenster zu lösen. Der Berg der Gesetzgebung ist nur durch in den Blaugrund punktuell eingebrachtes Grün angedeutet.

Warum erscheint Mose im Fenster? Der Herr hatte sich ihm im brennenden Dornbusch so vorgestellt: »Ich bin der Gott deines Vaters, der Gott Abrahams, der Gott Isaaks und der Gott Jakobs« (Ex 3,6). Wurde einst Jakob auf seine Bitte »Tu mir doch deinen Namen kund!« die Antwort von Gott: »Warum fragst du mich nach meinem Namen?« (Gen 32,30), so geht jetzt der Herr in der Enthüllung seines Wesens einen Schritt weiter. Auf die bange Frage des Mose: »Wenn ich zu den Israeliten komme und ihnen sage: ›Der Gott eurer Väter hat mich zu euch gesandt‹, und sie mich dann fragen: ›Wie lautet sein Name?‹ was soll ich ihnen dann antworten?« erwidert Gott: »Ich bin, der ich bin!« (Ex 3,13.14), das Leben in Fülle ohne Beschränkung durch Anfang und Ende: »Jahwe«.

Andere übersetzen den Gottesnamen »Jahwe« mit »Ich-bin-da«. Die Geschichte des Mose ist Beweis dafür: Jahwe ist für sein Volk da, führt Israel aus Ägypten durch das Schilfmeer in die Freiheit. Zu den wichtigsten Ereignissen im Leben des Mose gehört jenes, von dem Jesus Sirach sagt: »Er gab ihm die Gebote von Angesicht zu Angesicht, das Gesetz des Lebens und der Einsicht, daß er Jakob seine Gebote lehre und Israel seine Satzung« (45,5). Als Mose auf dem Wüstenzug zum Sinai kommt, ruft Jahwe ihn auf den Gipfel des Berges. Hier empfängt Mose die Zehn Worte, wie die Schrift die Gebote nennt. Auf dem Sinai hat Gott die Lebensgesetze, die er selbst in die Schöpfung gelegt hat und die der Mensch aus ihr herauslesen kann, feierlich verkündet und Mose als Weisung für den Weg in die Freiheit mitgegeben. Die Zehn Worte sind also nicht Erfindung des Menschen, sie kommen von Gott, sind erklärter Wille Gottes. Die Schrift beschreibt das anschaulich: »Als er seine Worte an Mose auf dem Berg Sinai beendet hatte, übergab er ihm die beiden Tafeln des Zeugnisses, steinerne Tafeln, die von Gottes Finger beschrieben waren« (Ex 31,18).

Links vom Mittelstab sehen wir eine Gruppe von Menschen. Sie haben ihre Arme ausgestreckt voll

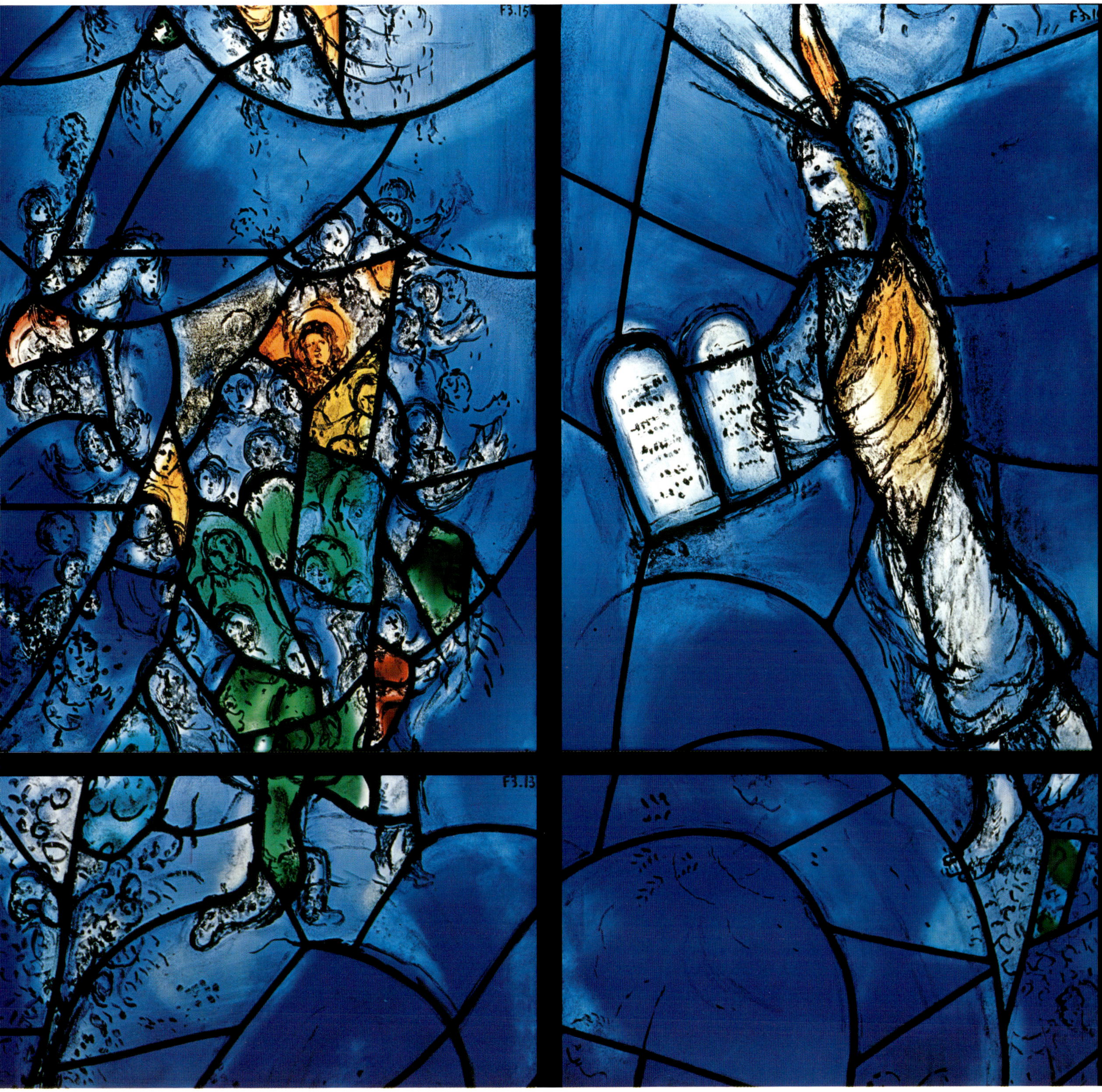

Verlangen nach der Weisung Gottes, die ihnen Mose bringt. Ein Mann ist in die Knie gesunken, die Arme ausgebreitet, als wolle er das Gesetz umarmen. Auffallend ist die frohmachende Farbgestalt, die Marc Chagall dieser Gruppe gegeben hat: Orange-, Grün-, Rottöne. Hinter der Gruppe erblicken wir ein Tier, dieses Mal ein Pferd mit blauem Hals und Kopf und rötlicher Kruppe, und es sitzt ein Reiter darauf. Links unten steht ein reichbelaubter Baum.

Was will der Künstler mit dieser linken Bildhälfte sagen, in der Art, wie er sie gemalt hat? Was die Zehn Worte für unser Leben bedeuten! Sie sind uns nicht gegeben, um uns das Leben schwerer zu machen, Freiheit unnötig einzuengen. Das Gegenteil ist der Fall. Diese Zehn Worte sind kostbares Geschenk Gottes an uns Menschen, damit unser Leben und Zusammenleben auf der Erde gelingen. Und – weil Lebenshilfe – Grund zur Freude! Um uns das nahezubringen, gibt Chagall den Empfängern der Zehn Gebote eine so lebensfrohe Farbgestalt. Das Tier im Hintergrund – Symbol des Lebens – betont, wie wichtig diese Worte für das Leben sind. Mit ihnen kann der Reiter der Zukunft getrost entgegengehen. Und der Baum deutet die Fruchtbarkeit der Weisung Gottes an.

Zehn Worte sind es. Die ersten drei, die die Beziehung des Menschen zu Gott regeln, dürfen nicht außer acht gelassen werden. Sie bilden das Fundament für die weiteren Worte, die dem Gelingen menschlichen Lebens und Zusammenlebens dienen. Sie sind heute nicht weniger aktuell als damals, sondern werden immer wichtiger. Je größer der Fortschritt, je schneller die Entwicklung, um so wichtiger wird es, daß der Mensch den Fortschritt auch bewältigt, damit er ihm zum Segen und nicht zum Verhängnis wird. Wir brauchen die Zehn Worte, damit menschliches Leben und Zusammenleben in der Gegenwart und Zukunft auf dem Planeten Erde möglich bleiben. Ob ihrer hohen Bedeutsamkeit rückt Marc Chagall die Begebenheit »Mose bringt dem Volk das Gesetz« in den Blickpunkt der Beschauer.

Die Schrift nennt die Zehn Worte auch »Worte des Bundes«. Bisher hatte Gott nur mit einzelnen Menschen, den Vätern, einen Bund geschlossen. Jetzt will der Herr mit seinem Volk einen Bund schließen. Grundgesetz sind die Zehn Worte: »Auf Grund dieser Worte schließe ich mit dir und mit Israel einen Bund.« Tafeln des Zeugnisses werden die Zehn Worte genannt, weil sie vertraglich den Willen Gottes bezeugen, zugleich verbürgen, daß Gott den in die Freiheit führt, der seinen Bund hält.

Man muß den 119. Psalm, den »Lobpreis auf das Gesetz Gottes«, lesen, um zu erkennen, wie positiv die Einstellung Israels zu den Zehn Worten ist. Die Gebote Gottes werden ein Wunder genannt. Sie bringen Licht, Einsicht und Wahrheit, schaffen Ordnung, schenken Leben, Gnade und Heil. Darüber hinaus feiern unsere jüdischen Schwestern und Brüder alljährlich das Fest der »Freude am Gesetz«, »Simchat Tora«.

Im Hebräerbrief wird Jesus zu Mose in Beziehung gesetzt. Wie Mose verkündet er – nicht nur als Mittler, sondern als Sohn Gottes – das Gesetz. Die Erfüllung der Gebote, zusammengefaßt in dem Hauptgebot der Liebe zu Gott und den Menschen, soll Erkennungszeichen seiner Jünger sein.

Auch die Beziehung zu dem Gottesdienst, der unterhalb des Fensters gefeiert wird, ist einsichtig. Da sind wir es, denen, wie einst Israel, Gottes Weisung verkündigt wird, und wir sollen sie ebenso freudig empfangen.

Vierzig Tage und Nächte war Mose bei Jahwe auf dem Berg. Er aß nicht und trank nicht. Völlig fasziniert von Gott kann Mose sich nicht satt sehen. Seine Bitte ist nur zu verständlich: »Laß mich doch deine Herrlichkeit schauen!« Ihm wird die Antwort: »Ich will alle meine Schönheit an dir vorüberziehen lassen... Mein Angesicht kannst du nicht schauen, denn kein Mensch, der mich sieht, bleibt am Leben« (Ex 33,19–20).

Strahlen gehen von dem Haupt des Mose aus. Was sollen diese Strahlen? Mose war vierzig Tage und Nächte auf dem Berg Sinai. Diese Gottbegegnung ist an ihm nicht spurlos vorübergegangen. Als Mose vom Berg herabstieg, die Tafeln des Zeugnisses in der Hand, strahlte die Haut seines Angesichts in überirdischem Glanz. Der Widerschein der Gottbegegnung lag noch auf ihm, so stark, daß die Israeliten sich fürchteten, sich dem strahlenden Mose zu nähern. Von diesem strahlenden Mose der Bibel wird etwas sichtbar im Fenster. Gottes Nähe verwandelt und verklärt. Keiner bleibt unberührt, der sich einläßt mit dem Gott unserer Väter, unserem Gott.

DIE BEIDEN WEGE

Siehe! Heute habe ich dir Leben und Heil, Tod und Unheil vor Augen gestellt.

Wenn du den Geboten Jahwes, deines Gottes, gehorchst, die ich dir heute anbefehle, indem du Jahwe, deinen Gott, liebst, auf seinen Wegen wandelst und so seine Gebote, seine Bestimmungen und Rechtssatzungen beobachtest, so wirst du am Leben bleiben und dich mehren, und Jahwe, dein Gott, wird dich in dem Lande, in das du ziehst, um es in Besitz zu nehmen, segnen.

Wenn sich aber dein Herz wendet und du nicht gehorchst, wenn du dich verführen läßt, fremde Götter anzubeten und ihnen zu dienen, so künde ich euch heute an:

Ihr werdet unfehlbar zugrunde gehen, ihr werdet in dem Lande, in das du über den Jordan ziehst, um hinzugelangen und es in Besitz zu nehmen, nicht lange leben.

Ich rufe heute Himmel und Erde wider euch zu Zeugen an: Leben und Tod, Segen und Fluch habe ich dir vor Augen gestellt. So sollst du denn, daß du und deine Nachkommen am Leben bleiben, das Leben wählen, indem du Jahwe, deinen Gott, liebst, seiner Stimme gehorchst und ihm anhangst! Denn das ist dein Leben und die Dauer deiner Tage, damit du in dem Lande wohnen bleibst, das Jahwe deinen Vätern, Abraham, Isaak und Jakob, zugeschworen hat, ihnen zu geben.

Deuteronomium 30,15–20

Bevor das Fenster in den Dreipaß mündet, spaltet sich der Mittelstab. Er verjüngt sich, nicht insgesamt, aber in den beiden Fensterhälften, in jeder für sich. Hier wird am meisten deutlich, daß es eigentlich zwei Fenster sind, die durch den Mittelpfosten zugleich miteinander verbunden und voneinander getrennt sind: zwei Spitzbögen, die zwei Flammen ähnlich zum Dreipaß hochzüngeln.

Marc Chagall stellt die veränderte Architektur in den Dienst seiner Verkündigung. In allen darunter liegenden Szenen von Abraham bis Mose hat er den steinernen Mittelstab nicht beachtet, einfach darüber hinweggemalt. Rechte und linke Seite zusammen ergeben ein Bild. Jetzt, da durch die beiden Spitzbogen die Fensterhälften noch stärker voneinander abgehoben werden, erhält jede ihr eigenes Thema. Und wie der Spitzbogen zu seiner engsten Stelle, dem Scheitel der beiden Rippenbogen, hinstrebt, spitzt sich auch die in diesen Rahmen gestellte biblische Botschaft auf jenen Punkt hin zu, wo der Mensch, mit der Möglichkeit der Wahl begabt, sich für oder gegen Gott entscheiden muß. Darum geht es in der letzten Rede des Mose. In ihr wird die Botschaft »Mose bringt dem Volk das Gesetz« weitergeführt. Es ist nicht allein damit getan, daß uns Gottes Wort verkündet wird, damals den Israeliten durch Mose und uns heute etwa im Gottesdienst. Damals wie heute kommt es darauf an, was der Mensch damit macht. Und da gibt es letztlich nur zwei Möglichkeiten der Antwort auf Gottes Wort, und diese sind hier gemalt.

Mose ist betagt. Die Zeit der Wüstenwanderung des Volkes geht zu Ende. Der Einzug in das verheißene Land steht bevor. Mose aber wird gesagt: »Deine Tage nähern sich dem Sterben« (Dtn 31,14). Da wendet sich Mose in einer letzten Rede nochmals an das Gottesvolk.

Mose denkt dabei an jene Stunde, da Jahwe seine Absicht kundgetan hatte, mit Israel einen Bund zu schließen. Spontan hatte damals das ganze Volk geantwortet: »Alles, was Jahwe befohlen hat, wollen wir tun!« (Ex 19,8). Und Moses Gedanken gehen noch weiter zurück. Was war das damals eine heilige Begeisterung, aus Glauben und Dankbarkeit geboren, als das Volk, trockenen Fußes durch das Schilfmeer geführt, sich vor seinen Feinden wunderbar gerettet sah! Noch heute zeugt das Siegeslied davon: »Meine Stärke ist Jahwe und mein Lied, er ward mir zum Retter. Er ist mein Gott, ihn will ich preisen, den Gott meines Vaters, ihn will ich rühmen« (Ex 15,2).

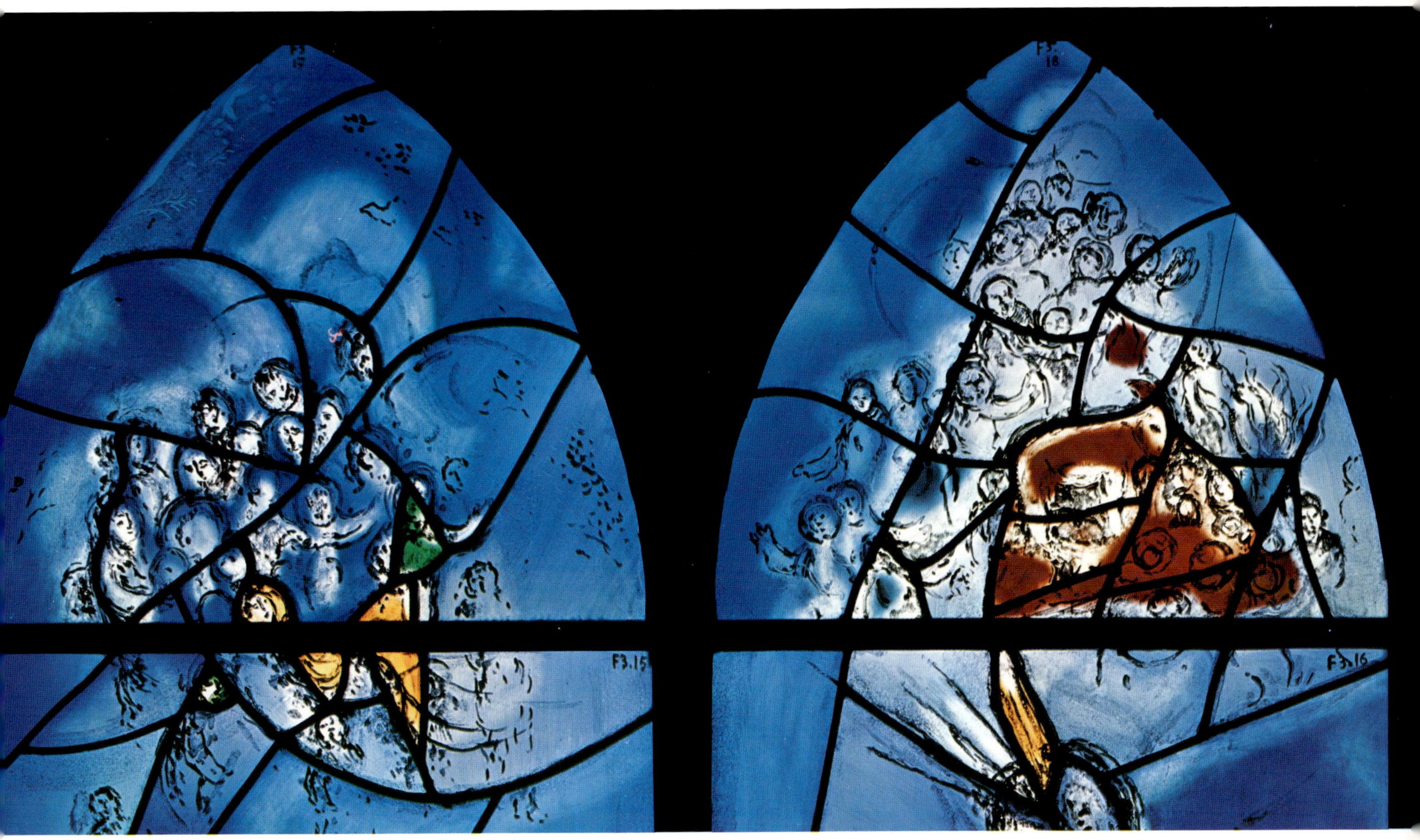
F3.15
F3.16

Daran mag Marc Chagall gedacht haben, als er dem linken Spitzbogen über der Gruppe von Menschen, die voll Sehnsucht die Weisung Gottes erwarten, biblische Botschaft einfügte. Wir sehen Menschen, schwebend, wie von einer lichten Wolke umfangen, mit zum Himmel erhobenen Händen. Sie loben Gott, danken Gott, haben ihre Freude an Gott, bauen ihr Leben auf der Weisung Gottes auf. Das ist die eine Möglichkeit, Gottes Wort zu beantworten. Nicht selten begegnet uns in der Heiligen Schrift die Wolke als Zeichen der verhüllten Gegenwart Gottes.

In dem Gotteslob dieser Frommen wird Gotterfahrung deutlich: »Jahwe (ist) ein gnädiger und barmherziger Gott, langmütig und reich an Gnade und Treue...« (Ex 34,6). Die hohe Berufung wird spürbar, die Jahwe seinem Volk gegeben hat: »Ihr sollt mir ein Königreich von Priestern und ein heiliges Volk sein!« (Ex 19,6). Es ist, als hörten wir aus ihrem Munde die Anfangsworte des »Schema Jisrael«: »Höre Israel! Jahwe, unser Gott, ist der einzige Jahwe! Du sollst Jahwe, deinen Gott, lieben aus deinem ganzen Herzen, aus deiner ganzen Seele und mit all deiner Kraft!« (Dtn 6,4).

In dem rechten Spitzbogen über dem strahlenden Mose sehen wir den Tanz um das Goldene Kalb, das Marc Chagall rot gemalt hat. Mose stehen auch die dunklen Stunden schwerer Schuld des Volkes vor Augen: Sein wankelmütiges Herz, seine Verzagtheit, Murren und Hadern, Auflehnung bis hin zum Abfall von Gott, der in dem Tanz um das Goldene Kalb erschütternden Ausdruck gefunden hat. Noch war Mose auf dem Berg in der Wolke, um von Gott das Bundesgesetz zu empfangen. In Ungewißheit über sein Verbleiben und in ungestümen Verlangen nach einem sichtbaren, greifbaren Gott, gleich den Götzen der umliegenden Völker, rottete sich das Volk zusammen und verlangt von Aaron: »Auf, mache uns einen Gott, der vor uns herzieht!« Als dann das Kalb gegossen war, riefen sie: »Das ist dein Gott, Israel, der dich aus Ägypten herausgeführt hat!« (Ex 32,1-4) Kaum waren auf dem Berg die Zehn Worte in die Tafeln eingegraben, wurde das erste übertreten: »Du sollst keine anderen Götter haben als mich« (Ex 20,3). Noch war der Bund mit dem Volk nicht geschlossen, da war das Bundesgesetz schon gebrochen.

Marc Chagall hat das Goldene Kalb rot gemalt. Nicht nur aus Gründen der Farbkomposition! Hier bedient sich der Künstler offensichtlich des Mittels der Verfremdung, um deutlich zu machen, daß das Goldene Kalb nichts Einmaliges war. Das gibt es heute noch und auch den Tanz um das Goldene Kalb, denn der Mensch ist immer in Gefahr, materielle Werte überzubewerten, sich an sie zu verlieren, sie zu vergötzen. Auch heute gibt es Götzendienst, nur die Namen der Götzen haben sich geändert. Und da der Mensch so vielerlei Geschöpfe vergötzen kann, muß das Goldene Kalb nicht gold gemalt sein. Durch Veränderung des Farbtones von Gold in Rot löst der Künstler das Götzenbild von damals aus seiner geschichtlichen Situation.

Die Abschiedsrede des Mose gilt nicht nur dem Gottesvolk, zu dem er sprach, sondern unvermindert auch uns. Jeder wird durch Gottes Wort in die Entscheidung gerufen: »Siehe, heute habe ich dir Leben und Heil, Tod und Unheil vor Augen gestellt.« Und jeder von uns muß sich fragen: Wo gehöre ich hin? Zu jenen, die in unseren Tagen Freude an Gott haben, ihn loben, ihr Leben auf der Weisung Gottes aufzubauen suchen, oder gehöre ich zu denen, die heute um das Goldene Kalb tanzen, Symbol für den Materialismus unserer Zeit.

Die Wahl ist folgenschwer. Liebt das Volk Jahwe, gehorcht es seinen Geboten, wandelt es auf seinen Wegen, dann wird ihm Leben, Fruchtbarkeit, Land, Segen und Heil. Wendet das Volk aber sein Herz von Gott ab, dann muß es wissen: Damit wählt es den Tod. Unfehlbar wird es zugrunde gehen, Land und Leben verlieren, Unheil ernten. Der Verlust des Segens wird sein Fluch sein.

»So sollst du denn ... das Leben wählen!« – Diese beschwörende Mahnung des Mose ist die biblische Botschaft, gemalt in den zwei »Flammen« des Fensters, die zum Dreipaß emporzüngeln. Jesus wiederholt diese Mahnung: »Willst du ins Leben eingehen, so halte die Gebote!« (Mt 19,17). Gottes Wort ruft zur Entscheidung für Gott. Nach wie vor gilt das Schriftwort: »Deinen Gott lieben, seiner Stimme gehorchen, ihm anhangen, das ist dein Leben und die Dauer deiner Tage, damit du in dem Land wohnen bleibst, das Jahwe deinen Vätern, Abraham, Isaak und Jakob zugeschworen hat, ihnen zu geben« (Dtn 30,20).

FRIEDE UND HEIL

Hören will ich, was kündet Jahwe, unser Gott:
wahrhaftig, er kündet den Frieden:

Frieden seinem Volke und all seinen Frommen,
allen, die von Herzen zu ihm sich bekehren.

Ja, allen, die ihn fürchten, ist nahe sein Heil,
und Herrlichkeit wird wohnen in unserem Lande.

Begegnen werden sich Erbarmen und Treue,
Gerechtigkeit und Friede werden sich küssen.

Aus der Erde sprießet die Treue,
Gerechtigkeit blickt hernieder vom Himmel.

Ja, Jahwe verleiht seinen Segen,
und unsere Erde gibt ihre Frucht.

Gerechtigkeit geht vor ihm her,
und Frieden auf der Wegspur seiner Schritte.

Psalm 85, 9–14

Wir steigen auf in die Maßwerkkrone, den Dreipaß des Fensters, Kennzeichen frühgotischer Maßwerke. (Unser Ostchor stammt aus dem Jahr 1290.) Wird im aufstrebenden Fenster erzählt, wie sich der unsichtbare Gott den Vätern geoffenbart hat, Abraham, Isaak, Jakob und Mose begegnet ist, so führt uns der Künstler im Dreipaß im Spiel der Farben und Symbole noch tiefer an das Geheimnis Jahwes heran: »Hören will ich, was kündet Jahwe, unser Gott: Wahrhaftig, er kündet den Frieden.«
In genialem Zusammenspiel von Blau-, Grün-, Gelb- und Rottönen kehren alle Farben des Fensters und in ihnen alle Begebenheiten in der Maßwerkkrone wieder. Ausgenommen ist der rosenquarzartige Farbton im Gewand des fürbittenden Abraham, den Marc Chagall gewählt hat, weil in dieser abendlichen Begebenheit sich Dämmerung und mildes Mondlicht mit dem Blau in Abrahams Gewandung mischen. Das Bild im Dreipaß aber kennt Dämmerung nicht mehr.
Ein Engel kommt ins Fenster. In ihm wird die Lebendigkeit deutlich, mit der Chagall seine Gestalten zu beseelen weiß. Es ist, als löse sich der Engel vom Fenster und schwebe in den Kirchenraum hinein. Der eine Flügel rot beginnend, blau endend, weist nach Norden, der andere aufgebauscht, in abgestuften Blautönen, nach Süden, der Kopf des Engels ist im Dreipaß zentriert.
Mit dem Engel dürfte nicht nur ein »Bote Gottes« gemeint sein, sondern der »Engel Jahwes«, den die Bibel von den Engeln unterscheidet. Für ihn ist charakteristisch: Ein Engel erscheint, und Gott spricht. In dem »Engel Jahwes« offenbart sich Gott selbst, um für den Menschen erfahrbar zu werden. Zumal in der Geschichte der Väter finden wir ihn, den »Engel Jahwes«. Denken wir etwa an das geheimnisvolle Ringen Jakobs mit Gott (Gen 32,26–32). Darauf Bezug nehmend, sagt der Prophet Hosea von Jakob: »In seiner Manneskraft kämpfte er mit Gott. Er kämpfte mit dem Engel und blieb Sieger« (Hos 12,4–5). So liegt der Gedanke nahe, in dem Engel im Dreipaß den »Engel Jahwes« als Zeichen für Gott selbst zu sehen.
Die Architektur der Maßwerkkrone dürfte diese Deutung stützen. Chagall hat den Engel dem Dreipaß

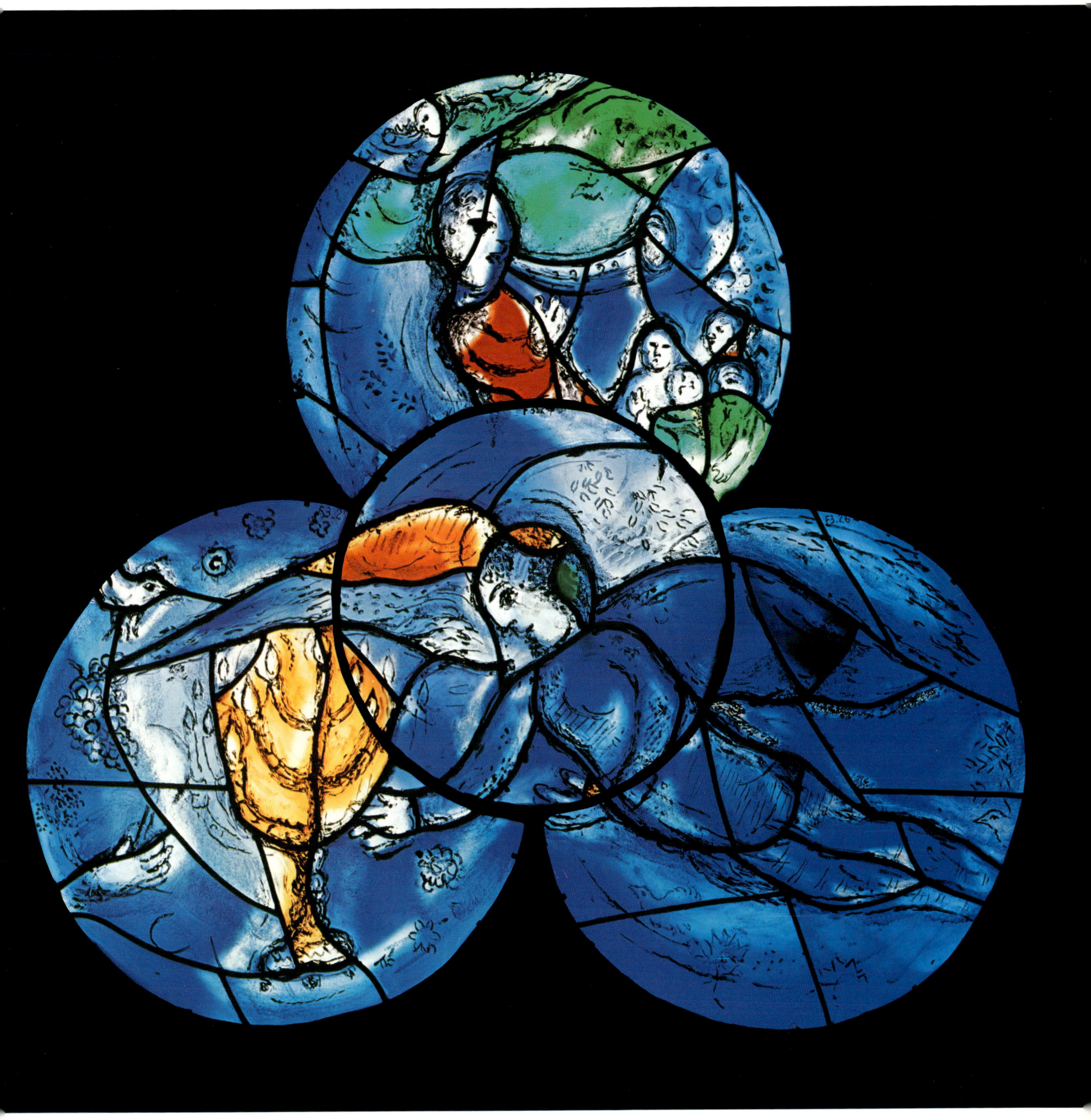

eingefügt, der von seiner Form her symbolischer Deutung offensteht. François Callé schreibt in seinem Buch »Vom Gesetz der Gotik«: »Der Kreis ist unter allen Figuren und die Kreisbewegung ist unter allen Bewegungen die vollkommenste, denn in ihnen geschieht Rückkehr zum Ursprung.« So wird der Dreipaß schon durch die Kreisform zum Symbol der Vollkommenheit, Vollendung, der Ewigkeit Gottes. Doch das ist nicht alles. Es sind drei Kreise, die im Dreipaß ineinandergehen, miteinander verschmelzen und, einem dreiblättrigen Kleeblatt ähnlich, im Innern zur Einheit finden. Christen werden an das Geheimnis des dreieinigen Gottes denken, an den einen Gott in drei Personen, den Vater und den Sohn und den Heiligen Geist.

Was bringt der »Engel Jahwes« in die Kirche? Den siebenarmigen Leuchter, der gemäß Gottes Weisung gefertigt worden war (Ex 25,31–38). Der Leuchter stand unweit der Bundeslade im Tempel. Seine Lampen brannten für Jahwe bei Tag und bei Nacht. Vorbild des Ewigen Lichtes, das in katholischen Kirchen vor dem Allerheiligsten brennt! Schon als Kultgegenstand ist der siebenarmige Leuchter Symbol der Nähe Gottes.

Mit dem siebenarmigen Leuchter im Bild hat es besondere Bewandtnis. Da brennen ja gar nicht nur sieben Flämmchen, der ganze Leuchter steht in Feuer bis zum Fuß hinunter. Marc Chagall ist er Symbol für Licht, Leben, Frieden, Freude, Heil, Erlösung, Vollendung, ja sogar für den, von dem die Bibel sagt, daß er »in unzugänglichem Licht wohnt« (1 Tim 6,16), für Gott selbst. Voll Bewunderung für Jahwe betet der Psalmist: »Gekleidet bist du mit Hoheit und Würde, wie ein Mantel umhüllt dich das Licht« (Ps 104,2). Und das Geheimnis Gottes noch tiefer erahnend: »Denn bei dir ist die Quelle des Lebens, in deinem Licht schauen wir das Licht« (Ps 36,10). So sehr ist Gott Licht, daß in der Bibel auch das, was den Menschen auf dem Weg zu Glück und Heil erleuchtet, Licht genannt wird: »Eine Leuchte ist dein Wort meinem Fuße, auf meinem Wege ein Licht« (Ps 119,105).

Auch das Heil selbst wird von Jesaja im Bild des Lichtes geschaut: »Das Volk, das im Finstern wandelt, schaut ein großes Licht...« (Jes 9,1). Dem Messias wird die Berufung: »Ich mache dich zum Licht der Heiden« (Jes 49,6). Und vom himmlischen Jerusalem wird gesagt: »Auch braucht die Stadt keine Sonne und keinen Mond, damit sie ihr leuchten, denn die Herrlichkeit Gottes hat sie erleuchtet, und ihre Leuchte ist das Lamm« (Offb 21,23).

Doch diese prophetische Botschaft darf nicht nur so verstanden werden, als ob uns das alles erst und nur dann einmal geschenkt würde, wenn Gott wiederkommt, um diese erlösungsbedürftige Welt heimzuholen und zu vollenden. Gewiß, dann wird uns das alles in der Vollendung geschenkt. Das ist uns versprochen. Aber auch jetzt schon will der Engel Gottes uns von Gott her Licht und Frieden, Freude und Heil bringen, wenn auch noch nicht in Vollendung. Und das ist möglich, vorausgesetzt, daß der Mensch den siebenarmigen Leuchter, den Frieden Gottes ergreift. So sehen wir zur Linken des Leuchters den blauen Grundton aufgerissen, und eine menschliche Hand, überdimensional groß, ragt in das Fenster hinein, greift gleichsam nach dem Knauf des Leuchters. Der Friede Gottes muß von uns ergriffen werden, wenn er uns ergreifen soll.

Wem bringt der »Engel Jahwes« den Leuchter, das »göttliche Licht«? Der gesamten Schöpfung. Vögel vertreten die Tierwelt; ebenfalls mit Schwarzlot eingefügte Blätter, Blumen und Trauben stehen für die Welt der Pflanzen. Und für den Menschen, dem Gott die Erde anvertraut hat, steht die Hand, weil ihm die besondere Aufgabe gegeben ist, nicht nur für sich selbst, sondern für die gesamte sichtbare Schöpfung das Licht zu ergreifen. Auch die Richtung, in der der Engel zur Mitte schwebt, ist bedacht. Nicht jenen, die um das Goldene Kalb tanzen, wird der brennende Leuchter gebracht, sondern denen, die Jahwe suchen, lieben und loben.

Über dem Engel, im oberen Blatt des Dreipasses, erblicken wir in umgekehrter Komposition eine menschliche Gestalt in rotem Gewand, wieder mit dem Schofar, dem Widderhorn, einer Gruppe zur Rechten in grünen Gewändern mit weißen Köpfen zugewandt. Leuchter und Schofar sind in Bildern von Marc Chagall oft zusammen anzutreffen. Was der Leuchter visuell anzeigt, verkündet das Schofar akustisch: die Botschaft von Frieden und Heil.

Der Hornist kündet »Schalom«: Friede mit Gott, mit sich selbst, miteinander, geistiges und leibliches Wohlbefinden. Schalom stammt von Gott: »Jahwe wird segnen sein Volk mit Frieden« (Ps 29,11). Die

Stunde der Vollendung ist gekommen. Und die Menschen sind davon so beglückt – wie könnte es anders sein! –, daß einer verzückt nach oben schaut und ein anderer vor lauter Seligkeit den Boden unter den Füßen verliert, zu schweben beginnt, und an der Oberkante des Fensters, in Grünton gemalt, selbst ein kleines Schofar blasend, über dem Hornisten hinwegsegelt in Richtung auf den siebenarmigen Leuchter zu. Unsagbar beseligend ist das, was Gott für die bereit hat, die ihn lieben, sagt uns ein Wort der Bibel (1 Kor 2,9). Chagall hat es im Dreipaß gemalt.

Auch die Blumen in den kleinen Zwickeln um den Dreipaß stimmen ein in das Lied von dem Gott des Lebens, des Lichtes, der Liebe und des Friedens.

Das messianische Friedensreich ist gewiß etwas Zukünftiges. Aber nicht nur! »Erbarmen und Treue«, »Gerechtigkeit und Friede« sind schon gegenwärtig möglich und nötig. Ist »Schalom« auch Gabe Gottes, so gilt es dennoch mit Gottes Hilfe jetzt und hier um »Schalom« bemüht zu sein, dem kommenden Friedensreich den Weg in unsere Welt zu bahnen.

Nochmals gleitet mein Blick über das Fenster, steigt in ihm auf und bleibt bei dem Engel mit dem brennenden Leuchter stehen. Sein Licht erinnert mich an das »Memorial« des Philosophen Blaise Pascal. Darin berichtet er von jener Vision, die ihm am 23. November 1654 geschenkt wurde: »Seit ungefähr abends zehneinhalb bis ungefähr eine halbe Stunde nach Mitternacht: Feuer.« Unter dem Eindruck des Geschauten spricht Pascal Worte des Gebetes, wie geschaffen, um damit die Betrachtung des Chagall-Fensters mit der Vision von dem »Gott der Väter« zum Gebet zu führen:

»Gott Abrahams, Gott Isaaks, Gott Jakobs.
Nicht der Philosophen und der Gelehrten.
Gewißheit, Gewißheit, Empfinden. Freude, Friede.
Gott Jesu Christi.
Deum meum et Deum vestrum.
Dein Gott ist mein Gott.«